Canan Topçu
Nicht mein Antirassismus

CANAN TOPÇU

Nicht mein Antirassismus

Warum wir einander zuhören sollten,
statt uns gegenseitig den Mund zu verbieten.
Eine Ermutigung.

QUADRIGA

Dieser Titel ist auch als Hörbuch und E-Book erschienen

Originalausgabe

Copyright © 2021 by Bastei Lübbe AG, Köln

Textredaktion: Angela Kuepper, München
Umschlaggestaltung: Massimo Peter-Bille
Einband-/Umschlagmotiv: © shutterstock: Callahan
Satz: Dörlemann Satz, Lemförde
Gesetzt aus der Minion Pro und Brandon Grotesque
Druck und Einband: GGP Media GmbH, Pößneck

Printed in Germany
ISBN 978-3-86995-115-7

5   4   3   2   1

Sie finden uns im Internet unter quadriga-verlag.de
Bitte beachten Sie auch: lesejury.de

Für Can, Melis, Mignon –
und für Sie, für euch, für uns alle

Editorische Notiz

Der, die, das. Er, sie, es. Bis ich das grammatische Genus verstand, verging viel Zeit. Deutsch habe ich mir mit viel Mühe angeeignet – und dabei erfahren, wie wichtig Wörter und Worte sind. Deutsch ist die einzige Sprache, in der ich meine Gedanken und meine Gefühle differenziert ausdrücken kann. Ich weiß: Sprache ist politisch. Sprache ist aber auch Schönheit. Sprache ist Heimat.

Doppelpunkt, Unterstrich, Sternchen: Sosehr ich um deren Bedeutung weiß, mich entfremden sie von der Sprache, in der ich so richtig zu Hause bin. Aufs Gendern verzichte ich aus persönlichen und nicht aus politischen Gründen – und nenne dort, wo es sonst ausschließend verstanden werden könnte, beide Geschlechter. Mit dem Wissen, dass es kein grammatisches Genus im Türkischen gibt. Zur Gleichstellung hat es bekanntlich nicht beigetragen.

Mögen sich alle, auch wenn sie sich sprachlich nicht wiederfinden, mitgemeint fühlen.

Alle im Text genannten Personen sind real. Zum Schutz ihrer Rechte wurden einige Namen geändert.

Inhalt

Einleitung

Ende September 2020 erschien in der *Süddeutschen Zeitung* unter dem Titel »Nicht mein Antirassismus« ein Essay von mir.[1] Der Text beginnt so: »Stimmt mit mir was nicht?« Diese Frage beschäftigte mich ernsthaft. In knapp zweihundert Zeilen dachte ich darüber nach, was genau mir an den gegenwärtigen Debatten über Rassismus, Diskriminierung und Identitätspolitik Unbehagen bereitet. Die Stimmen aus den postmigrantischen Gruppen, die Deutschland als durch und durch rassistisch beschreiben, decken sich nur bedingt mit meiner Wahrnehmung. In dem *SZ*-Beitrag positionierte ich mich gegen diese Dämonisierung, weil ich eine Lanze brechen wollte für dieses Land, in dem ich seit meinem achten Lebensjahr sehr gerne lebe. Ich bin ermuntert worden, es nicht bei den zweihundert Zeilen zu belassen, sondern mein Nachdenken in einem Buch fortzusetzen. Ich habe mich auf dieses Experiment eingelassen.

Allah' ın sevgili kulu – »Gottes geliebtes Kind«, mit dieser Redewendung wird im Türkischen ausgedrückt, dass man es gut getroffen hat. Ich und auch viele andere, die wie ich Kinder von Arbeitsmigranten sind, haben es hier gut; wir bekamen Chancen, die wir in den Herkunftsländern nicht gehabt hätten. Die Geschichten der »Gastarbeiter«-Kinder ähneln sich: Die Väter und Mütter wollten nur ein paar Jahre in Deutschland bleiben, so schnell wie möglich viel Geld verdienen und wieder zurückkehren in die Heimat. Das hatten auch meine Eltern vor, sie erkannten aber glücklicherweise – im Gegensatz zu manch anderen, die noch immer von der Rückkehr träumen – schnell, dass sich dieser Plan nicht umsetzen lassen würde. Und so holten sie ihre drei Töchter recht bald zu sich. Der Wechsel von der einen Welt in die andere hat Spuren hinterlassen. Das Trauma der Migration nagt an fast allen von uns. Auch an mir. Und trotzdem empfinde ich Dankbarkeit darüber, in Deutschland zu leben und all die Freiheiten zu haben, die sehr viele Menschen in sehr vielen anderen Ländern nicht haben.

Wenn ich lese oder höre, dass man sich in dieser Gesellschaft als »Nicht-Weißer« in ständiger Lebensgefahr befinde und dass das Leben an einem seidenen Faden hänge, dann frage ich mich ernsthaft, ob ich mit denen, die solche Szenarien entwerfen, im selben Land lebe. Es gibt mittlerweile eine Vielzahl von Antirassismus-Akteuren und eine Reihe von Menschen, die sich selbst als »People of Color« (dazu später mehr) beschreiben und in den Medien, in Workshops, Vorträgen und Podiumsgesprächen ein zu schlechtes Bild von Deutschland zeichnen. Manchmal stutze ich über das, was sie sagen und schreiben. Ich ertappe mich dabei, dass ich an mir zweifele und denke, sie haben recht und ich habe eine rosarote Brille auf, durch die ich mir dieses Land anschaue. Bei etlichen, die sich zu Wort melden, werde ich aber auch den Verdacht nicht los, dass sie zu dick auftragen mit Rassismus und Diskriminierung – aus Kalkül, Kränkung oder anderen Ressentiments heraus und möglicherweise gar, um das persönliche Scheitern zu überdecken.

Auch wenn mir vorgehalten wird, mich den Realitäten nicht zu stellen: Natürlich weiß ich um Diskriminierungen, um Mechanismen der Ausgrenzung. Keine Frage: Es gibt Rassismus, es gibt Gewalt gegen Menschen, die aufgrund ihres Äußeren oder ihres Namens als fremd wahrgenommen und vorverurteilt werden. Was mir Unbehagen bereitet: Es wird zu wenig differenziert und kaum in Erwägung gezogen, dass das wahrgenommene Schlecht-behandelt-Werden, das Benachteiligt-Werden und die Ausgrenzung – sei es schulisch, beruflich oder wo auch immer – nicht allein auf Rassismus zurückgeführt werden können. Es gibt viele andere Faktoren, die es zu berücksichtigen gilt. Rein persönliche Animositäten etwa, diese werden aber selten in Betracht gezogen. Die vermeintlich Schuldigen sind meist schnell gefunden: die »Weißen« und der Rassismus, der in jedweder Struktur dieser Gesellschaft steckt.

Es kann, muss aber nicht jede Abweisung damit zusammenhängen, dass mein Gegenüber rassistisch ist. Dieses Menschenbild ist nicht meines. Es ist nun einmal so, dass nicht jeder grundsätzlich Sympathie für jeden anderen Menschen empfindet. Wenn jemand mir gegenüber unfreundlich ist, mich schlecht behandelt und mir Steine in den Weg legt, dann kommen mir dafür nicht sogleich rassistische Motive in den Sinn. Das ist wohl das, was mich von manchen Antirassismus-Akteuren unterscheidet. Ich diagnostiziere nicht reflexartig Rassismus als Ursache aller Missstände. Ich plädiere dafür, einen kühlen Kopf zu behalten, nachzufragen, das Gespräch zu suchen über individuelle Erfahrungen und ihre Folgen. Im besten Falle wird so ein gegenseitiger Austausch ermöglicht. Zumal es ungeheuer schwer geworden ist, diesen Begriff anzuwenden, weil inzwischen unterschiedliche Formen und Strukturen von Rassismus differenziert werden – mit biologischen, religiösen, geografischen und ethnischen

Bezugspunkten wie beispielsweise antischwarzer Rassismus, antimuslimischer Rassismus, antislawischer Rassismus und antikurdischer Rassismus.

Keine Frage: Es soll keine Ungleichbehandlung von Menschen geben. Dass Menschen unabhängig von ihrem Aussehen, ihrer Herkunft, ihrer Religion oder welchen Merkmalen auch immer gleich zu behandeln sind: Das gibt unsere Verfassung vor. Niemand soll übersehen oder angestarrt werden. Die Gleichheit des Menschen ist als Ideal derweil noch nicht allzu lange *common sense*, sondern eine Errungenschaft der Moderne. Dass alle Menschen als Gleiche unter Gleichen wahrgenommen werden – das ist leider, leider aus unterschiedlichen Gründen bis heute nicht in allen Köpfen angekommen. Diese Wahrnehmung und dieses Denken gilt es einzuüben. Und eben auch darauf hinzuwirken, dass Strukturen aufgebrochen werden, die diese Ungleichheit (re)produzieren und verfestigen. Hinter Strukturen stecken aber Menschen. Wer Strukturen verändern möchte, muss Menschen überzeugen.

Ich weiß aus eigener Erfahrung, dass nicht alles super ist in Deutschland und dass es hier eine Menge Missstände gibt, die auf rassistisches Verhalten zurückgehen. Wenn ich all die Klagen und Kritik höre und lese, dann denke ich: Ja, all das gibt es. Aber: Es gibt auch noch vieles andere in diesem Land. Und ich konzentriere mich auf das, was gut gelaufen ist. Und gut läuft. Weil nur eine nüchterne, möglichst emotionsfreie Betrachtung der Gesellschaft ohne verständliche, aber zuweilen überbordende gegenseitige Vorwürfe uns hilft, unser Zusammenleben gemeinsam zu verbessern. Fronten und Widerstände schaden am Ende uns allen.

Ich bin für das Abwägen von Für und Wider und für das Besonnen-miteinander-Umgehen. Es ist wichtig, die eigene

Perspektive mitzuteilen, sie aber nicht zum alleinigen Maß aller Dinge zu machen. Eine gut funktionierende Gesellschaft braucht Begegnungen und Austausch – sowohl Plaudereien als auch tiefsinnige Gespräche und auch Streit, sofern er in guter Absicht und konstruktiv ausgetragen wird. Wenn aber die einen sich von Ressentiments leiten lassen und andere als Nazis und Rassisten beschimpfen und wenn diese sich aufgrund der Generalanschuldigung davor scheuen, in Kontakt zu treten, dann bricht die Voraussetzung für den Dialog weg. Wenn aufgeschlossene Menschen sich schon nicht mehr trauen zu sprechen, weil sie verunsichert sind, ob sie die richtigen Worte finden oder was sie fragen dürfen und wie sie was sagen dürfen, dann ist es kaum möglich, die eigenen Vorbehalte zu hinterfragen und abzulegen.

Ich beobachte im privaten und beruflichen Umfeld: Die Unbefangenheit schwindet, die Begegnungen werden krampfhaft. Gerade aus der Neugier, die Menschen dazu brachte, mir Fragen zu stellen, entstanden tolle Gespräche und auch Freundschaften, öffneten sich Fenster in andere (Gedanken-) Welten. Es haben nicht nur die, die etwas über meine Herkunft wissen wollten, so manches Neue erfahren, sondern auch ich habe sehr viel von den anderen gelernt. Nicht zuletzt bin ich die, die ich bin, auch durch diese unbefangen geführten Unterhaltungen geworden: eine akkulturierte Frau türkischer Herkunft, die ihr Zuhause in Hanau gefunden hat. Ausgerechnet in der Stadt, die zum Symbol für den allgegenwärtigen Rassismus in Deutschland geworden ist, fühle ich mich sicher und wohl!

Wie können wir die zu Recht beanstandeten politischen und gesellschaftlichen Missstände zum Positiven verändern? Hinsehen, Beobachten, Zuhören, Nachdenken, das Wahrgenommene einordnen und die eigene Bewertung prüfen. Das sind erste Schritte, die helfen können – wie auch, Theorien und Ideologien nicht unhinterfragt als Analyse von Gesellschaft und Systemen zu übernehmen. Eine andere Sicht zuzulassen, die eigene Deutung und das eigene Handeln infrage stellen: Das würde sicher helfen. Doch wie können wir das hinbekommen? Einige Antirassismus-Akteure, Wissenschaftlerinnen und Wissenschaftler scheinen sich zu sicher, wie der Weg in eine von Diskriminierung und Rassismus befreite Gesellschaft zu verlaufen hat.

Helfen die derzeit geführten akademischen Diskurse, Hass, Diskriminierung und rassistisches Handeln einzudämmen? Führt der Weg dahin wirklich über die aus den USA importierten Ansätze »Critical Race Theory« und »Post-Colonial-Studies«, die bei genauer Betrachtung auf die deutsche Migrationsgesellschaft nur bedingt übertragbar sind? Lässt sich respektvoller und wertschätzender Umgang nur in Antirassismus-Workshops oder Diversity-Trainings lernen? Sollte man Kurse besuchen, um durch den »schmerzhaften Prozess« zu erkennen, dass man als »weißer« Mensch Teil des rassistischen Systems ist? Teil eines Systems, das »Schwarze« und Minderheiten über Jahrhunderte unterdrückt und demütigt?

Falls Ihnen das jetzt übertrieben erscheint: Wenn Sie im Internet durch das Weiterbildungsangebot der Antirassismus-Akteure scrollen und sich ein wenig in die Kritische Weiß-Sein-Forschung einlesen, werden Sie bemerken, dass deren Vertreter es sehr ernst meinen. Auch mich beschäftigt wie so viele Akteure auf dem Weiterbildungsmarkt und ehrenamtlich Engagierte die Frage, wie wir diskriminierungssensibel sprechen und handeln können. Und zwar aus Einsicht, nicht etwa, weil es verordnet wird.

Es schwirren viele Fragen in meinem Kopf herum. Und auf viele habe auch ich keine Antworten. Doch ich bin überzeugt: Der Schlüssel für ein gedeihliches Zusammenleben von Menschen mit unterschiedlicher Herkunft und Erfahrungen, Idealen, Hautfarben, Religionen etc. ist, dass wir uns jenseits unserer kollektiven Identität als Individuen begegnen. Wir lernen uns kennen, wenn wir ohne Anschuldigungen und pauschalisierende Zuschreibungen uns unsere Geschichten erzählen und einander zuhören. Mehr Gelassenheit täte gut – auch den Antirassismus-Aktivisten.

Im Laufe meines Berufslebens habe ich sehr viele Menschen kennengelernt, mit ihnen Zeit verbracht, bin – sofern sie mir Einlass gewährten – eingetaucht in ihre Lebenswelt, ich habe ihren Geschichten zugehört und diese aufgeschrieben. Es waren für mich sehr bereichernde Begegnungen, die vor allem dazu beigetragen haben, dass ich oft und vieles umräumen musste in meinen Schubladen im Kopf. Auch für dieses Buch habe ich anderen zugehört, mich mit ihnen ausgetauscht – und ja, so manches Mal mich auch gestritten. Manchmal ist Streit unvermeidbar, und es ist wichtig, hartnäckig zu bleiben … im Sinne des Sich-Verständigens. Mit dem Blick auf das gemeinsame Ziel kann Streiten auf Augenhöhe hilfreicher sein als Schweigen.

In den Identitätsdebatten wird aber inzwischen nicht nur debattiert und gestritten, sondern gekämpft. Es ist auch ein Kampf um Worte. Selbst ernannte Sprachpolizisten wollen Gendersternchen durchsetzen und rügen grundsätzlich die Verwendung des Begriffs »Neger«. Es bleibt aber nicht allein beim Bashing. Wer dem Diktat nicht folgt, riskiert Morddrohungen – wie etwa Florian Klenk, Chefredakteur des österreichischen Magazins *Falter*. Er hatte Ende Juli in einem Tweet dafür plädiert, »Worte in einem historischen oder politischen Kontext zu lesen und nicht so zu tun, als ob ein Wort alleine beleidigt und verletzt und nicht die Absicht, mit der es ausgesprochen wird«.[2] Solch eine Entwicklung ist besorgniserregend und hat mit antirassistischem Aktivismus nichts mehr zu tun.

Was kann man jenen entgegnen, die immer neue Fronten schaffen zwischen »ihr« und »wir«, »schwarz« und »weiß«, »privilegiert« und »marginalisiert«, »Täter« und »Opfer«, den »Guten« und den »Bösen«? Es braucht die Fronten nicht, es braucht kein Entweder-Oder, ich tue mich schwer mit der Freund-Feind-Schablone und den Täter-Opfer-Zuschreibungen. Ich bin überzeugt davon, dass es Zwischentöne braucht, damit die Wortführer der Grabenkämpfe, die darauf pochen, im Recht zu sein, nicht den Diskurs bestimmen.

Es gibt inzwischen etliche Bücher über Rassismus. Karl Valentin soll einmal gesagt haben: »Es ist schon alles gesagt, nur noch nicht von allen.« Dieser Ausspruch ist richtig und falsch zugleich. Mir ist bewusst, dass ich all jene mit völkischen Ideen durchdrungenen Menschen in diesem Land nicht erreichen oder zum Nach- und Umdenken ermuntern werde, sodass sie beginnen, ihren Hass zu bändigen. Auch nicht die Akteure und Aktivisten, die im Antirassismus-Strudel so sehr damit befasst sind, ihre Annahmen zu bestätigen und ihre Ressentiments zu füttern.

Im Idealfall ermutigt dieses Buch aber jene, die wie ich viele Fragen haben, sich nicht mit zu einfachen Antworten zufriedenzugeben. Es möchte Mut machen, in sich hineinzuhorchen, die eigenen Borniertheiten aufzuspüren und zu hinterfragen. Es möchte aber auch darin bestärken, sich nicht einschüchtern zu lassen von wortgewaltigen Akteuren und Aktivisten, die mit Verweisen auf Wissenschaft und Geschichte die Deutungshoheit beanspruchen.

Gegenseitige Beschuldigungen können überwunden werden, wenn man nicht um jeden Preis recht behalten will. Ich bin oft genug mit dieser Absicht ins Gespräch gegangen und habe mir oft genug eingestehen müssen, dass es auch ganz andere Perspektiven gibt. Mein Wunsch ist, eine Verbindung herzustellen zwischen denen, die genervt sind von Identitätspolitik und Rassismus-Debatten, und denen, die nicht müde werden, auf die nicht eingehaltenen Versprechen eines demokratischen Staates hinzuweisen und Gleichbehandlung einzufordern. Eine große Aufgabe: über so komplexe Debatten zu Rassismus und Identitätspolitik ein Buch zu schreiben, ohne dass es nur Gemeinplätze enthält oder nur Gedanken, die andere schon viel besser und klüger geschrieben und gesagt haben. »Was für eine Chuzpe!«, werden manche denken. »Mut zur Lücke«, habe ich mir gedacht. Ich melde mich zu Wort aus der Perspektive einer Mittfünfzigerin mit türkischem Migrationshintergrund, als deutsche Staatsbürgerin und Journalistin und lade dazu ein, mich bei meinem Erkundungsgang zu begleiten. Es ist eine sehr persönliche Spurensuche, ein sehr persönliches Nachdenken über Deutschland.

Das Private ist politisch: Dieser Slogan der Frauenbewegung aus den 1970er Jahren hat mich beim Nachdenken über meine journalistische Arbeit und beim Schreiben an diesem Buch begleitet. Über Privates und Persönliches habe ich oft geschrieben – und dies in politischer Absicht. Politik wird von Menschen gemacht, von Menschen mit diesen oder jenen Ansichten und Überzeugungen. Diese entstehen nicht im luftleeren Raum, sondern entwickeln sich über Wissen, Erlebnisse, Erfahrungen, Einblicke in Lebenswelten anderer.

Persönliche Ansichten und Erfahrungen beeinflussen politische Prozesse und Entscheidungen in hohem Maße. Wenn ich mit Menschen über ihre Ansichten gesprochen habe und der Frage nachgegangen bin, wie sie zu diesen Ansichten und Einsichten gelangt sind, dann stellte sich früher oder später heraus, dass Begegnungen und Gespräche mit anderen dazu beigetragen haben.

Kritisieren wir beispielsweise »strukturellen Rassismus« und wollen wir die Strukturen knacken, in denen Rassismus und Diskriminierung wirkmächtig sind, dann gilt es zu bedenken, dass nicht abstrakte Mechanismen, sondern Menschen den Erhalt oder das Aufbrechen dieser Strukturen verantworten. Wollen wir Strukturen verändern, gilt es, Mitstreiter und Entscheidungsträger für unsere Ziele zu gewinnen. Überzeugen können wir über Argumente und Emotionen.

Wer sich die Fähigkeit bewahrt beziehungsweise sie entwickelt, aus unterschiedlichen Perspektiven die Bedingungen des sozialen Miteinanders zu betrachten, kann empathisch und solidarisch sein und sich für eine gerechtere Gesellschaft engagieren – und das eben auch in der Politik.

Politik braucht das Persönliche. Mir geht es in diesem Buch darum, das Abstrakte mit Leben zu füllen, und zwar mit meinem Leben.

Kapitel 1:
Wie ich geworden bin, wer ich bin

Wer bin ich? Ich bin weder »weiß« noch »Person of Color«. Ich bin vieles und ganz vieles nicht. In mir ist die Geschichte meiner Vorfahren, die Geschichte des Hafenstädtchens und des Dorfes, in denen ich eine glückliche Kindheit verbracht habe. In mir ist die Geschichte des Osmanischen Reiches. Und in mir ist die Geschichte des Landes, das vielen seiner Bürgerinnen und Bürger keine Perspektiven zu bieten hatte und sich für Devisen auf einen Deal mit Deutschland einließ. In mir ist auch die Geschichte Deutschlands, die mich nicht losgelassen hat, seit ich in der siebten Klasse im Deutschunterricht *Damals war es Friedrich*[1] gelesen habe. Ich bin die Frau, die mit all denen trauert, die ihre ermordeten Vorfahren beklagen, und ich bin bei all denen, die auf die Anerkennung vergangenen Unrechts warten.

Für die Vergangenheit kann ich nichts, für die Gegenwart und Zukunft bin ich mitverantwortlich. Ich bin vieles und vieles nicht. Ich bin Tochter türkischer Arbeitsmigranten, Ehefrau, Schwester, Freundin, Stiefmutter, »Hund- und Hühnermutter«, Gärtnerin, Köchin, Journalistin, Hochschuldozentin und, und, und.

In mir ist auch noch immer das kleine Mädchen, dessen Herz Purzelbäume schlägt aus Freude an der Schönheit der Aubergine, die es im Gemüsebeet entdeckt. In mir ist die wütende Heranwachsende, die um sich schlägt, weil sie ungerecht behandelt worden ist. Beide habe ich aufgespürt bei der Suche nach Antworten auf die Frage, wie ich die geworden bin, die ich jetzt bin.

In mir ist weit mehr, als andere sehen. Ich habe viele Rollen – und nicht nur eine Identität. Und manchmal bin ich die Fliege an der Wand, die aus einem ganz anderen Blickwinkel auf das Leben schaut. Ich möchte mich auf keine Rolle festlegen und auch von anderen nicht auf eine festgelegt werden. Ich bin viele und nichts im Verhältnis zur Menschheitsgeschichte.

Das aufgeplatzte Leben

Eine glänzende Aubergine. Das ist die erste Erinnerung an meine Kindheit. Ich bin mit meinem Vater im Gemüsegarten, stehe neben ihm, helfe ihm beim Gießen. Mit einer kleinen Schüssel schütte ich Wasser auf die Pflanzen; sie sind fast so groß wie ich. Unter den grünen Blättern entdecke ich eine glänzende Frucht. Ich bin außer mir vor Freude. So schön die Frucht, ihre Farbe, ihre Form. Ich fasse sie an, spüre die glatte Oberfläche. Ich möchte sie pflücken. Das darf ich aber nicht. Vater sagt: Die Frucht muss noch reifen.

Patlıcan. »Das aufgeplatzte Leben.« So heißt Aubergine auf Türkisch.

Nun bin ich 55 Jahre alt und lebe in Deutschland. Ich liege an einem sonnigen Apriltag im Garten meines Hauses, beobachte von der Chaiselongue aus meine scharrenden Hühner. Sie gackern, und ich versuche, mich zu erinnern. Wie bin ich die geworden, die ich bin? Was hat dazu beigetragen, mich aus kollektiven Identitätskonstruktionen loszulösen? Was war gut und hilfreich bei der Suche nach Antworten auf die Frage, wer ich bin und worauf ich gerne verzichtet hätte? Diese Fragen beschäftigten mich schon früher, tauchten immer mal auf, verschwanden dann aber wieder. Von ganz allein. Jetzt werde ich sie nicht los, die Frage, wer ich bin und was meine Identität ausmacht.

Ich liege im Garten meines Hauses in Hanau und sehe das kleine Mädchen im Garten des Hauses in einem Fischerdorf am Marmarameer. Das Mädchen im weißen Kleidchen steht am Gemüsebeet und will bersten vor Freude über die Schönheit der Aubergine. Beim Erinnern spüre ich diese Freude.

Das Mädchen muss um die vier Jahre alt gewesen sein, als es die Aubergine entdeckt hat. Jetzt dämmert es mir, warum ich Auberginen so mag. Die großen, dicken lilafarbenen lieber als die schmalen, langen und violetten, obwohl diese viel delikater sind.

Vater hat neulich am Telefon gesagt, dass wir 1969 aus dem Haus mit dem Gemüsegarten wegzogen, vom Fischerdorf Armutlu in das Hafenstädtchen Gemlik, weil er als Lehrer dorthin versetzt wurde. Auf weitere Fragen will er nicht antworten, er legt auf. Er will nicht reden über die Zeit in Gemlik, über die ich mit ihm reden möchte. Ich würde sie gerne abgleichen, meine und seine Erinnerungen.

Kios und Onkel Corc

Ich denke sehr gern an meine Kindheit in Gemlik zurück, einer Kleinstadt, die einst von Olivenhainen umgeben war. Mein Elternhaus lag direkt am Wasser. Wann immer ich den

Geruch vom Meer in der Nase habe, wird das kleine Mädchen in mir wach, das die ersten acht Jahre seines Lebens am Meer verbrachte.

Gemlik, erfuhr ich erst während meines Geschichtsstudiums, war einst der Hafen des antiken Nicäa. Wer sich mit der Kirchengeschichte auskennt, der weiß um die Bedeutung dieses Ortes. Das erste Konzil von Nicäa, die erste ökumenische Debatte der frühen christlichen Kirche, wurde von Konstantin I. im Jahre 325 n. Chr. einberufen. Mit dem Bekenntnis von Nicäa wurde die Grundlage des westlichen Christentums geschaffen, und viele dogmatische Streitigkeiten wurden beigelegt.

Gemlik hieß aber auch mal Kios, zu Zeiten, als die Bevölkerung griechisch war. Nach dem Griechisch-Türkischen Krieg, der im Oktober 1922 endete, wurden die alteingessesen griechischen Bewohner aus ihren Häusern vertrieben.

Von all dem weiß ich nichts, als wir – meine beiden älteren Schwestern und die Kinder aus der Nachbarschaft – heimlich die unbewohnten Häuser im Viertel zu unserem Spielplatz machen. Wir laufen in den mehrgeschossigen Gebäuden hin und her, verstecken uns in den verwilderten Gärten mit Granatapfel- und Feigenbäumen. In einem der Häuser entdecke ich eine Wandmalerei, eine Landschaft mit Bergen, Bäumen und Meer. So etwas kenne ich nicht; Teppiche, Hochzeitsfotos oder eingerahmte Bilder von Atatürk hängen an den Wänden der Wohnzimmer der Leute, die ich mit den Eltern besuche.

Ich bin ein sehr neugieriges Kind, das den Eltern immerzu Fragen stellt, sich nicht begnügt mit ihren Antworten und das beim gemeinsamen Essen aufgefordert wird, endlich mal den Mund zu halten. Aus Trotz will ich dann nichts mehr essen.

»Am Tisch sitzen nur die, die Hunger haben«, sagt daraufhin die Mutter und fordert mich auf, in mein Zimmer zu gehen. Ich folge ihrer Ermahnung und warte darauf, zurückgeholt zu werden. Aber keiner kommt. Der Hunger bringt mich dazu, mich wieder an den Tisch zu setzen.

Schweigen fällt der kleinen Canan schwer, genauso wie Sachverhalte nur hinzunehmen, wenn sie nicht versteht, warum etwas so und nicht anders ist. So bin ich auch heute noch: Ich gehe den Leuten auf die Nerven, weil ich diskutiere und die Dinge nicht einfach hinnehmen kann. Mutters Standardspruch über viele Jahre: »Werde Anwältin, dann kannst du gegen Ungerechtigkeiten vorgehen!«

Doch längst liegt mir eine neue Frage auf der Zunge. Warum heißt »Corc amca« (ausgesprochen: George Amdja) so komisch? Der fremd klingende Name des Mannes, der Uhrmacher ist und einen kleinen Laden am Marktplatz hat, irritiert mich, ich traue mich aber nicht zu fragen. Fremdländisch wie der Name klingt auch Corc amcas Türkisch; er spricht so, als wäre er ein Ausländer und hätte Türkisch nicht von klein auf gesprochen.

Erst viele Jahre später erfahre ich, welche Geschichte der Ort meiner unbeschwerten Kindheit hatte. Viele Menschen dieses Städtchens mussten wegen ihrer Herkunft und ihrer Religion ihre Heimat verlassen. Diese Bewohner, in der Türkei als *rumlar* bezeichnet, wurden im Zuge des sogenannten Bevölkerungsaustausches aus Kleinasien vertrieben, so auch aus Gemlik.[2] Sie mussten alles zurücklassen, was sie im Handgepäck nicht mitnehmen konnten. Onkel Corc war vermutlich einer der wenigen, die blieben.

Der Bevölkerungsaustausch zwischen der Türkei und Griechenland basierte auf der 1923 mit der Lausanner Konvention beschlossenen »Entmischung der Bevölkerung des Nahen Ostens«. Während mehr als eine Millionen orthodoxe griechischstämmige Menschen ihre Heimat in der Türkei verlassen mussten, wurden aus Griechenland rund 400 000 Muslime in die Türkei vertrieben. Der »Bevölkerungsaustausch« war eine institutionalisierte Deportation.

Dieser Teil der türkischen Geschichte, mit der ich mich erst als Studentin befasste, wird in der offiziellen Geschichtsschreibung verherrlicht; das Leid, das den Menschen zugefügt wurde, hingegen wird verschwiegen. Auch von meinem Vater. Mit ihm über Gemlik und Corc amca zu sprechen ist nicht möglich. Mein vorsichtiges Nachfragen am Telefon, ob er denn von den Vertreibungen gewusst habe, blockt er ab. Er murmelt etwas vor sich hin und legt auf. Ohne sich zu verabschieden. Seine Reaktion deute ich so: Es ist ihm unangenehm, darüber zu sprechen.

Vielleicht hat es auch etwas mit seiner Familiengeschichte zu tun, mutmaße ich später. Vater ist Nachkomme einer Familie, die aus Prizren in die Türkei umgesiedelt wurde – in die Gegend von Eskişehir. Wenn wir in den Sommerferien in das Dorf fuhren, freute ich mich sehr. Denn ich dachte immer, dass es ins Ausland ginge. Die Großeltern, die Tanten und Onkel, die Cousinen und Cousins, alle im Dorf sprachen untereinander eine Sprache, die ich nicht verstand. Heute weiß ich, es war Serbokroatisch.

Als Zwanzigjährige fuhr ich mit meinem Freund in einem VW-Passat für sechs Wochen in die Türkei; ich wollte Wolfgang meine Heimat zeigen, mit ihm die Orte meiner Kindheit besuchen. Wollte in Gemlik unbedingt im *Tibel Otel* übernachten. In den Garten des Hotels linste ich früher als

Kind bei den abendlichen Spaziergängen mit den Eltern hinein. Versteckt hinter den Oleanderhecken beobachtete ich die Gäste, die an weiß gedeckten Tischen saßen. Ich träumte davon, in diesem Hotel zu übernachten, in dem Pool im Garten zu schwimmen und an einem der gedeckten Tische zu sitzen und zu essen.

Als Studentin lebte ich diesen Traum, saß mit Wolfgang im Garten des Hotels unter einem Pinienbaum an einem gedeckten Tisch, trank Rakı mit ihm, aß gegrillten Fisch und *Patlıcan Salatası*, Auberginensalat. Die leeren Teller räumte ein Junge ab, gerade mal zwölf, dreizehn Jahre alt. Er arbeitete in den Sommerferien in dem Restaurant und verdiente sich das Schulgeld. Als Junge wäre ich vielleicht in einer ähnlichen Situation gewesen, dachte ich, während ich ihm ein großzügiges Trinkgeld gab.

Verschwundene Heimat

Die Spurensuche war enttäuschend und auch erschreckend. Ich stand vor der Moschee am Fischmarkt und konnte es nicht fassen: Die Moschee war gar keine Moschee, es war eine Kirche. Nachdem ich mich auf dem Gymnasium für Kunstgeschichte zu interessieren begonnen hatte, erkannte ich die byzantinische Architektur. Vieles aus dem Stadtbild war verschwunden. Ich fand nichts Vertrautes mehr vor. Von den prächtigen Holzvillen, die am Wasser aneinandergereiht gewesen waren, war nur noch eine übrig.

Das Haus meiner Kindheit war nicht mehr da, verschwunden aus dem Stadtbild auch der Bazar, wo es damals einen Laden gab, in dem ich sehr gerne stöberte. Dort kaufte mir mein

Vater die Bücher, die von Ayşegüls Abenteuern handelten. Ayşegül auf dem Bauernhof. Ayşegül beim Segeln. Ayşegül beim Schlittschuhlaufen. Der Bauernhof, auf dem Ayşegül die Ferien verbrachte, sah ganz anders aus als der meiner Großeltern. Dass es so kalt werden konnte, bis ein See gefriert, dass auf dem Eis mit seltsamen Schuhen gelaufen werden konnte – all das faszinierte mich als Mädchen. Schnee hatte ich noch nie gesehen. Wusste davon nur vom Hörensagen und eben von Ayşegül, der Heldin in den Kinderbüchern.

Auch das wurde mir viel später bewusst: Ayşegüls Abenteuer waren Geschichten aus den USA, sie stammten aus Kinderbüchern, die ins Türkische übersetzt und auf dünnem Papier gedruckt wurden. Ich entdeckte diese Kinderbücher 2001 in einer Buchhandlung in Iskenderun, einer Stadt unweit der syrischen Grenze. Dort verbrachte ich während einer Tour durch die Türkei ein paar Tage.

Nun bin ich hier in Hessen, liege an einem warmen Apriltag im Garten, erinnere mich an die Kindheit in Gemlik und spüre eine ganz starke Sehnsucht. Eine kaum auszuhaltende Sehnsucht nach diesem Ort, der schon lange nicht mehr so ist, wie ich ihn in Erinnerung habe. Erst das Aufstöbern der Erinnerungen an glückliche Kindertage hat sie freigelegt: die Sehnsucht nach der Heimat, die mir schon lange keine mehr ist. Heimat heißt auf Türkisch *yurt*. Dasselbe Wort – »Jurte« auf Deutsch – bezeichnet die Zelte der Nomaden in Zentralasien. Die Menschen nehmen ihre Heimat mit, wenn sie von Ort zu Ort ziehen. Meine Heimat habe ich in mir und mein Zuhause in Hanau – in dem Haus mit Garten, in dem ich Hühner halte und einen Feigenbaum gepflanzt habe.

Ich höre das Gackern meiner Hühner und sehe vor mir das Mädchen Canan, wie es vor Kindern des Viertels ein Konzert gibt – auf dem freien Grundstück gleich neben dem Haus am Meer. Ich habe mir eine Gitarre gebastelt – aus einer Holzlatte, an deren beiden Enden ich je drei Nägel eingehauen und auf diesen Gummibänder gespannt habe. In meiner Fantasie bin ich eine berühmte Sängerin, habe einen Auftritt in einem *Gazino* in Istanbul. Die Kinder aus der Nachbarschaft sind die Gäste im teuren Lokal. Sie applaudieren und rufen: »Zugabe!«

Und ein weiteres Bild taucht auf: Mein Vater hält mich im Wasser auf seinen Händen, ich breite die Arme aus, und mein Körper bewegt sich ganz leicht im Wasser. Dann spüre ich, wie mein Vater mich loslässt. Ich schwimme, Angst und Freude spürend – die Freude darüber, nicht abzutauchen, und die Angst, unterzugehen, liegen ganz nah beieinander. Von diesem Tag an werde ich mit all den anderen Kindern aus dem Viertel die warmen Tage am oder im Wassser verbringen.

Träumen mit dem Katalog

Mühselig trage ich die Puzzlestücke meiner Kindheit zusammen. Manche lassen sich schnell auffinden, manche sind verloren gegangen, andere wiederum sind so beschädigt, dass nur schemenhaft zu erkennen ist, was auf dem Puzzlestück drauf ist. So wie dieses: Ich sitze mit ausgestreckten Beinen auf dem Boden, auf den Knien habe ich einen schweren Katalog abgelegt.

Bis heute weiß ich nicht, wie der Katalog aus Deutschland in unser Haus in Gemlik gekommen war. Jedenfalls war er da, der Katalog. In der Familie hatte sich herumgesprochen, dass all das, was auf den Seiten abgebildet war, bestellt werden konnte und nach Hause geliefert wurde. Ich konnte mir nicht vorstellen, wie das ablief, war mir aber sicher: Deutschland musste ein paradiesisches Land sein.

Ich liebte es, im Wohnzimmer auf dem Teppich zu sitzen und in dem dicken Katalog herumzublättern. Das machte ich stundenlang, schaute genüsslich die Fotos an, auf manchen Seiten verweilte ich länger. Der Katalog öffnete Welten, warf aber auch viele Fragen auf. Was waren nur diese Dinger mit Rollen, von denen lange geriffelte Schläuche abgingen? Eingehend betrachtete ich die vielen farbigen Abbildungen, auch wenn ich nicht immer verstand, worum es sich dabei handelte. Wie denn auch? Ich kannte keine Staubsauger, Toaster, Kaffeeautomaten und all die anderen Haushaltsgeräte. Manche Seiten des Katalogs muss ich mir nur flüchtig angesehen haben. An Röcke, Hosen und andere Bekleidungsstücke erinnere ich mich nämlich überhaupt nicht. Anscheinend interessierte sich das sechs-, siebenjährige Mädchen noch nicht für Mode. Umso mehr für Spielzeuge. Die schokoladenbraune Puppe mit der roten Hose und der weißen Bluse habe ich immer noch vor Augen. Ach, wie gerne wollte ich sie in den Armen halten.

Kein Abschied

Ein abgedunkeltes Zimmer im Haus am Meer an einem Tag im April 1972. Drei Mädchen – zwölf, neun und sieben Jahre alt – sitzen auf dem Boden und erzählen sich Geschichten, sie sprechen miteinander, sie beruhigen sich gegenseitig; die Nacht verbringen sie allein im Haus, alle in einem Bett. Mehr sehe ich nicht, wenn ich versuche, mich an den Tag zu erinnern, an dem Vater die Mutter nach Istanbul zum Flughafen begleitet hat. Wir drei Schwestern müssen das Wochenende allein zu Hause verbringen. Ich weiß nicht, ob ich mich nicht daran erinnere, wie die Eltern das Haus verlassen haben, oder ob ich das gar nicht mitbekommen habe. Meine Schwestern sagen, die Eltern seien frühmorgens aufgebrochen. Als Vater am Abend des folgenden Tages zurückkehrt, sagt er: »Eure Mutter ist jetzt in Almanya, von nun an bin ich Vater und Mutter für euch …« Und dann weint er. Ich weine auch, obwohl ich nicht verstehe, warum er weint.

Auf Mutters Weggang wurde ich nicht vorbereitet. Die Eltern wollten ihre Töchter, vor allem mich, das jüngste Kind, schützen. Sie wussten sich nicht anders zu helfen. Sie müssen gedacht haben, dass es die schonendere Art sei, ihren Töchtern die Trennung nicht anzukündigen.

Diesen Teil meiner Geschichte zu schreiben fällt mir schwer. Es gibt nur ein paar wenige Szenen, die wie ein Film vor meinem geistigen Auge ablaufen. Der Film reißt immer wieder ab.

Wenn ich bislang über die Migration meiner Familie erzählt habe, dann habe ich das meist mit einem Satz getan: »Meine Mutter kam als Erste nach Deutschland.« Was sich in diesen Wörtern verbirgt, lässt sich kaum in Worte fassen. Ich jedenfalls kann sie nicht wirklich formulieren, die Gefühle; den Verlust, den Schmerz, die Wünsche, die Hoffnungen und die Träume.

Wie war das damals für die Eltern? Wie war es für die Mutter, als sie ihren Koffer packte? Die Mutter kann ich nicht befragen, sie ist schon lange tot. Ich weiß nicht, ob meine Eltern die Entscheidung gemeinsam getroffen haben. Oder hatte Mutter darauf gedrungen, sich als Erste auf den Weg ins Ungewisse zu machen? Auch nach fast fünfzig Jahren gelingt es nicht, dass Tochter und Vater ins Gespräch kommen über die Familiengeschichte. Er wechselt das Thema oder legt auf, sobald ich ihn am Telefon darauf anspreche. Wenn ich Mutter nach ihrer ersten Zeit in Deutschland fragte, verdrehte sie jedes Mal die Augen. Ihrem Gesichtsausdruck war zu entnehmen, dass sie nicht sprechen mochte über das, was schon so lange zurücklag. Vielleicht, weil es sie so schmerzte, weil sie spürte, dass Gelebtes und Erlebtes nicht rückgängig zu machen sind. Sie starb, ohne dass sie mir jemals darüber erzählt hatte, wie es sich anfühlte, Heim und Herd, Mann und drei kleine Töchter zurückzulassen.[3]

Warum lässt eine Mutter Kinder und den Mann zurück? Ich habe keine Antworten, nur Mutmaßungen. Mutter muss Sehnsüchte gehabt haben, die sich in einer Kleinstadt nicht erfüllen ließen, nicht unter den Umständen, die Anfang der 1970er Jahre waren, wie sie waren. Ein Lehrer, der seine Familie nicht ernähren kann, weil das Gehalt nicht reicht; eine Mutter, die von Kino- und Restaurantbesuchen, Ausflügen und Reisen träumt. Es waren unerfüllbare Wünsche für die verwöhnte Tochter eines Bahnbeamten, der viel herumgekommen war und zu Hause von den Reisen berichtet hatte. Mutter muss von einem anderen Leben geträumt und ihren Töchtern ein besseres Leben gewünscht haben. Ich bin ihr

---

In dem Jahr, als meine Mutter nach Deutschland kam, erschien dieses Lied. Wann immer ich es höre, weckt es Erinnerungen in mir. Noch heute höre ich es sehr gern, es stimmt mich zuversichtlich. Es ist mein Traum von einem Happy-Land.

dankbar, dass sie den Mut aufgebracht und sich auf den Weg gemacht hat. So ganz ohne Vorbereitung auf das fremde Land.

Hof und Hühner

Ein paar Monate nachdem Mutter weggegangen ist, verlässt auch Vater uns. Meine Schwester Nezahat und mich bringt er vorher ins Dorf zu den Großeltern. Evsen, meine älteste Schwester, kommt ins Internat. Sie soll dort ihren Mittelschulabschluss machen.

Das Haus der Großeltern hat kein fließendes Wasser, keinen Strom, keine Heizung, aber Wärme spendende Ställe im Erdgeschoss. Links die Esel, Maultiere und Ochsen, rechts die Kühe und unterhalb der Treppe das Hühnerhaus. Es riecht überall nach Heu und Kuhmist und Hühnerkacke. Gerüche, die das Mädchen Canan als wohlig empfindet. Kein Ekel, kein Widerwillen beim Ausmisten der Ställe, keine Angst vor den großen Tieren.

Ich sehe das Mädchen, das an den prallen Eutern einer Kuh zieht und versucht zu melken, so wie es die Tante macht. Es zischt, während die Milch rausspritzt. Der Blecheimer füllt sich mit lauwarmer Milch, die später die Großmutter in einem Holztrog hin und her schaukeln wird, bis der Rahm oben schwimmt. Ich liebe den Geschmack des frischen Rahms und das Brot, das die Großmutter auf offenem Feuer backt. Dem Großvater schaue ich dabei zu, wie er Käse macht. Wie er die weißen Käselaibe in Metallkanister füllt, mit Salzwasser befüllt und die Deckel zuschweißt. Und ich beobachte dies: Wie ein Küken aus einem Ei schlüpft; die Geräusche setzen aus, dann geht's weiter ... bis schließlich aus dem Inneren des

Eies ein Schnabel raussticht, bis aus dem feuchten, hässlichen Etwas ein piepsendes Küken wird. Und dann setzt sich das kleine gelbe Wesen in Bewegung, macht einen Schritt, fällt um, steht auf und macht den nächsten Schritt.

Landarbeit macht mir Spaß, ich helfe gerne den Großeltern, den Tanten und Onkeln, buddele Kartoffeln aus der Erde, klopfe Kerne aus Sonnenblumen, vertreibe die Hühner vom Hof, wo auf großen Laken gekochte Weizenkörner zum Trocknen ausliegen. Ich schaue der Großmutter beim Kneten von Teig zu und helfe beim Befeuern des Kamins, auf dem das Brot gebacken wird. Sauerteigbrot, wie ich heute weiß. An der Kante des Holztrogs legt Großmutter immer ein Häufchen vom Teig ab, wickelt es später in ein feuchtes Tuch und packt es in einen Tonkrug. Dieses Teigstück knetet sie beim nächsten Mal in den neuen Teig ein.

Das Dorf der Großeltern war damals mein Paradies. Dass auch dieser Ort meiner glücklichen Kindheit für andere mit viel Leid und Trauer verbunden war – davon wusste ich nichts. Ich erfahre es erst als Erwachsene. Als ich mich mit der Geschichte der Türkei zu befassen beginne, weil ich nicht um Antworten verlegen sein möchte, wenn ich über meine »Heimat« befragt werde, lese ich in deutschen Geschichtsbüchern vom Genozid an der armenischen Bevölkerung, streite mit türkischen Freunden darüber und breche mit Menschen, die das leugnen.

Türkmen köyü – das Dorf der Türken. Nach der Vertreibung der Armenier aus diesem Dorf wurde es umbenannt, und Familien aus dem Balkan wurden dort angesiedelt. Die Großeltern meines Vaters stammten aus dem südlichen Kosovo. Mit mir spricht der Vater nicht über die Geschichte des Dorfes. Von meiner Schwester erfahre ich, dass er ihr davon erzählt hat. Davon, wie seine Großmutter ihm von der Vertreibung der Armenier aus ihren Häusern berichtete. Anfangs, sagt meine Schwester, habe er sehr abgeklärt geklungen, im Laufe des Erzählens aber aussprechen können, wie sehr es ihm leidtue, dass die Dorfbewohner aus ihrer Heimat vertrieben wurden. Der Genozid an den Armeniern ist ein nicht abgeschlossenes Kapitel in der Geschichte des Osmanischen Reiches und der Türkei. Der hartnäckige Widerstand, den Genozid in die offizielle Geschichtsschreibung aufzunehmen, macht mich traurig.

Eines Tages, meine Schwester und ich waren gerade auf dem Feld, stand Vater vor uns. Er war gekommen, um uns nach Deutschland mitzunehmen. Der Abschied vom Dorf fiel mir schwer. Wir fuhren mit ihm in einem Traktor in die nächstgelegene Stadt und von dort nach Istanbul. In meiner Erinnerung ist nur die Fahrt im Traktor und wie meine Großeltern, Tanten und Onkel, meine Cousinen und Cousins uns hinterherwinkten. Und aus einem Gefäß schüttete jemand Wasser hinter den anrollenden Traktor. »*Su gibi gidin, su gibi gelin!* – Geht wie Wasser und kommt wie Wasser zurück!« Ich habe nicht herausgefunden, was es mit diesem Brauch auf sich hat.

Vielleicht wäre ich heute eine andere, wenn es nicht die Kindheit am Meer, das Jahr im Dorf und die vielen Momente im Kuhstall und im Hühnerhaus gegeben hätte. Türkmen köyü ist das Dorf, aus dem sich meine Sehnsucht nach einem linear verlaufenden Leben speist und auf das meine Liebe zu Hühnern zurückgeht. Hühner erden mich. Wann immer mir die Welt zu viel wird, wann immer mich etwas belastet, gehe ich zu den Hühnern.

Ankunft in Almanya

Ich sehe das Mädchen Canan vor mir, das am Flughafen in Istanbul auf dem Boden liegt. Es hat Hunger, es hat Durst, es ist müde. Vom vielen Warten. Es gibt keinen Laden im Flughafengebäude. Kein Geschäft, wo sich Passagiere, die auf verspätete Flüge warten müssen, mit Essen und Trinken versorgen können. Es gibt nur ein *Büfe*, einen Kiosk, der für viel Geld Sandwiches und Getränke verkauft.

Der Flug nach Hannover wird immer wieder verschoben. Am Ende werden es zwölf Stunden sein, die meine Schwester und ich mal am Boden liegend, mal auf Stühlen sitzend mit meinem Vater auf dem Flughafen verbringen. Nach einem aufregenden Flug stehe ich wieder am Flughafen, erschöpft von der langen Reise. An der Seite meines Vaters halte ich Ausschau nach den Koffern. Im hellen Neonlicht kneife ich die Augen zusammen. *Almanya*. Ich bin im »Land der Glücklichen«. Ein Satz, den ich von den Erwachsenen aufgeschnappt haben muss.

Mein Leben in Deutschland beginnt an einem regnerischen Novembertag 1973. Das Flugzeug landet nicht abends, wie es geplant war, sondern morgens in Hannover. Mutter ist nicht da, als wir ankommen. Sie ist auf der Arbeit, im Schichtdienst in einer Reifenfabrik. Das weiß ich damals nicht. Verstehe daher nicht, warum nicht sie, sondern Cevdet, der Nachbar, uns empfängt.

An das Wiedersehen mit der Mutter gibt es keine Erinnerung. Ich krame und krame in meinem Gedächtnis, vergebens. Stattdessen finde ich mich immer nur in Cevdets Wohnung wieder, in der es feucht und stickig roch. Auf dem Kohleofen dampfte der Wasserkessel. An den Wasserkessel erinnere ich mich sehr gut – wegen der Form. Er sah ganz anders aus als die in der Türkei. Bauchig und mit einer ganz kurzen Tülle.

Cevdet, der Mann von der Schwarzmeerküste, der auch Schichtarbeiter war, servierte uns Kuchen und Beuteltee. Ekelerregend das Getränk und auch das Gebäck, das mit einer dunklen Masse gefüllt war. Gegessen habe ich es trotzdem. Aus Neugier. Heute weiß ich, es war Mohnkuchen. Und den esse ich inzwischen sehr gerne.

> Im traurigen Monat November war's,
> Die Tage wurden trüber,
> Der Wind riß von den Bäumen das Laub,
> da reist' ich nach Deutschland hinüber.

Heinrich Heine. Ob ich jemals seinen Namen gehört, je eine Zeile von ihm gelesen hätte? Wohl kaum, wenn meine Eltern nicht beschlossen hätten, ihr Glück in Deutschland zu suchen. Wären wir in Gemlik geblieben, dann wäre ich heute eine andere. Deutsche Gedichte, italienischer Wein, französischer Käse, irische Landschaft, deutscher Ehemann … Nichts von dem, was mich geprägt hat, wäre Teil von mir geworden. Wie aber hätte mein Leben ausgesehen?

Als Ehefrau eines Bankangestellten, eines Lehrers oder vielleicht eines Polizisten wäre ich Mutter von drei oder vier Kindern geworden. Jeden Morgen hätte ich ihnen das Frühstück zubereitet, je nach dem Geld in der Haushaltskasse mal Milch und Butterbrot, gekochtes Ei und *Sucuk* (Rinderwurst) aufgetischt, doch meist Brot mit Margarine und ein paar schwarze Oliven. Gemlik ist für seine Oliven bekannt.

Schwarze, große Oliven, die es auch hier in »türkischen« Geschäften zu kaufen gibt.

In Gemlik hätte ich aus altem Stoff neue Kleider genäht, Pullover und Socken gestrickt, so wie es meine Mutter getan hat. Sie kleidete mich überwiegend mit Selbstgenähtem und Selbstgestricktem ein. Ich trug Strickkleider und sogar handgestrickte Strumpfhosen. Wie meine Mutter hätte ich mich vormittags um Haushalt, Küche und Kinder gekümmert, nachmittags die Nachbarinnen zu Tee und Gebäck getroffen, Strick- und Stickmuster ausgetauscht, über Fernsehserien geplaudert und Preise von Lebensmitteln verglichen.

Im Laufe der Jahre wären Frauenleiden und Rückenschmerzen und die unbezahlbar hohen Arztkosten als Gesprächsthemen hinzugekommen. Abends hätte ich mit dem Ehemann vor dem Fernseher geschwiegen. Wie wohl die Bilder aus der großen weiten Welt auf mich gewirkt hätten? Ob ich in den Nächten von einem anderen Leben geträumt und tagsüber auf Traumreisen gegangen wäre? Ich weiß es nicht. Im Falle einer Liebesheirat hätte ich mich – wohl nur in den ersten Ehejahren – für den abends heimkommenden Mann zurechtgemacht; ich hätte mir die Körperhaare entfernt, mich gebadet, geschminkt und frisiert, frisch gebügelte Blusen angezogen. Der Tisch wäre bereits gedeckt gewesen, wenn der Gatte die Tür aufgeschlossen und gerufen hätte: »*Hanım, ben geldim!* – Frau, ich bin da!« Irgendwann wären mir das Kochen und Aufbrezeln zur Last geworden, die Leidenschaft zum Leid. Mit den Jahren hätte ich mir eine Schutzschicht aus Speck zugelegt. Die Pfunde wären mir zwar verhasst gewesen, aber ich hätte nicht die Kraft gehabt, sie abzulegen. Wozu denn auch? Das Leben hätte außer dem Genuss von Teigwaren nicht viel zu bieten gehabt.

Welchen Lauf hätte mein Leben genommen – als eine von drei Töchtern eines Lehrers, der von seinem monatlichen Gehalt gerade mal die Miete zahlen konnte? Der bis zum Hals in Schulden steckte? Hätte ich jemals eine andere Großstadt als Bursa gesehen, wohin meine Eltern mit meinen beiden Schwestern und mir einmal im Jahr fuhren? Wir bummelten lange im Basar und wurden fürs Opferfest eingekleidet. Und vor der Heimfahrt aßen wir Köfte in einem Kebabhaus. Fünf kleine Fleischbällchen, zwei halbe Tomaten und eine Peperoni. Zum Sattwerden reichlich Brot. Für eine größere Portion reichte das Geld nicht.

Ich war acht Jahre alt, als ich nach Deutschland kam. So vieles musste ich zurücklassen. Freundinnen, das Meer und die Olivenhaine, Gerüche und Geräusche. Das Zurücklassen-Müssen, das Nicht-darauf-vorbereitet-worden-Sein auf das, was kommen wird … das ist ein Trauma, das sich nicht auflösen lässt. Und trotzdem: Im Rückblick und angesichts dessen, wie mein Leben verlaufen wäre, wenn meine Eltern sich nicht dafür entschieden hätten, nach Deutschland zu kommen, verspüre ich tiefe Dankbarkeit. Ich habe in diesem Land Möglichkeiten geboten bekommen, die ich als Mädchen und Frau in der Türkei nicht gehabt hätte.

Ein Mensch, der seine Heimat, seine vertraute Umgebung verlässt, egal ob erzwungen oder freiwillig, der lebt sein Leben lang (!) mit den Folgen dieser Umpflanzung. Die Auswirkungen und die Nachwirkungen des Weggehens und des Ankommens, das Leben am Zielort der Migration, die lassen einen nicht mehr los. Manche bemerken das nicht, wissen nicht um die Gründe ihrer Schwermut, die sie nicht einmal so benennen können – schon gar nicht in einer Sprache, die nicht ihre ist. In ihrer eigenen, der ihnen vertrauten Sprache haben sie Wortbilder dafür, Metaphern, die sie zuweilen ins Deutsche übersetzen: Mein Inneres brennt, mein Herz klemmt, meine Augen verdunkeln sich.

Ich sagte: Manche wissen nicht um die Gründe ihrer Schwermut, andere, wie ich, spüren sie und leiden so sehr an ihr, dass sie den Empfindungen auf den Grund gehen und die Ursachen finden, nur: Es gibt – um ein Zitat von Ilija Trojanow aus seinem Buch *Nach der Flucht* abzuwandeln – kein Entkommen. »Nichts an der Migration ist flüchtig. Sie stülpt sich über das Leben und gibt es nie wieder frei.«[4] Es gibt kein Entkommen, und trotzdem kann das Sich-Eingliedern gelingen. Ich denke: Wenn wir über Migranten, über Flüchtlige, über Fremde sprechen und über sie urteilen, dann wäre es für uns alle gut, all das mitzudenken.

Ausgrenzung

Ich bin mit den Klassenkameraden in der Turnhalle. Die Lehrerin steht vor den Kindern. Sie sitzen alle auf dem Boden. Die Lehrerin spricht und spricht. Ich verstehe nur einzelne Wörter, bin unruhig, möchte wissen, was »Brennball« bedeutet und wie das Spiel geht, das gleich gespielt werden soll. Zwei Schüler, deren Namen die Lehrerin aufgerufen hat, stehen auf und stellen sich rechts und links neben ihr auf. Dann beginnen sie Namen aufzurufen, erst der eine, dann der andere, im Wechsel. Thomas, Julia, Steffi, Matthias, Wolfgang, Andrea; die Kinder stehen auf, gehen zu einem der beiden Jungen, die Gruppe derer, die auf dem Boden sitzen, wird kleiner. Ich warte. Warte und hoffe, dass bald auch mein Name gerufen wird. Das passiert aber nicht. Ich sitze da, mitten in der Turnhalle, allein. Niemand will mich in seiner Mannschaft haben. Heute weiß ich, so erging es nicht nur mir. Das Gefühl, nicht dazuzugehören, kennen viele. Unterschiedliche Gründe, aber das gleiche Gefühl. Mein guter Freund Helge erzählte mir, dass es bei ihm nicht anders war, er als pummeliges Kind wurde auch immer als Letzter oder Vorletzter gewählt.

Ich sehe nur diese Sequenz aus dem Sportunterricht. Wie es weitergegangen ist, an diesem Tag irgendwann im Dezember 1973? Die Erinnerung will nicht auftauchen. Und wann immer ich das Mädchen sehe, das mitten in der Turnhalle sitzt, dann weint nicht nur das kleine Mädchen in mir.

Es ist meine erste Erinnerung an das Gefühl, nicht dazuzugehören. Weitere Erlebnisse werden folgen, in derselben Turnhalle und an vielen anderen Orten und in vielen unterschiedlichen Situationen. Das weiß ich aber noch nicht. Gerade sitze ich in der Turnhalle auf dem Boden und möchte mich in Luft auflösen. Ich bin erst seit ein paar Wochen in Deutschland und verstehe so vieles nicht.

Die ersten Tage nach der Einschulung waren ganz anders. Da wollten noch alle aus der Klasse mit mir, der Neuen, spielen. Die Mitschülerinnen kümmerten sich besonders viel um mich. Mal führte die eine, mal die andere die Fremde durch das Schulgebäude, durch den Schulhof, durch die Pausenhalle. Einmal bekam ich ein Geschenk – einen Plastikbecher, verschlossen mit einem Deckel aus Aluminium. Ich las, was auf dem Becher stand: Waldmeistersaft. Was das war, verstand ich nicht, riss den Deckel auf und erschrak. Eine quietschgrüne Flüssigkeit. Das Getränk schmeckte sehr süß, und es schmeckte sehr fremd. Es schmeckte mir überhapt nicht, ich trank es aber trotzdem. Aus Höflichkeit.

Seit die Neugier abgeebbt ist, interessiert sich keiner aus der Klasse mehr für mich. Ich kann nicht ausdrücken, was ich gerne sagen würde. Ich sitze stumm in der Klasse, auf dem Pausenhof und denke an die Freunde in Gemlik. Ich träume vom Meer und Konzertauftritten im *Gazino*. »Warum spielt ihr nicht mit mir?«, »Warum wollt ihr mich nicht?«: Noch stelle ich mir diese Fragen.

Mustafas Verrat

Ein anderes Erlebnis aus der Zeit als Drittklässlerin taucht auf. Nur, dass ich mich nicht an das Ende erinnere, sosehr ich mich auch anstrenge. Der Anfang geht so: Ich sehe die U-förmige Sitzordnung meines Klassenzimmers ganz genau vor mir. Ich sitze an meinem Platz mit dem Rücken zur Fensterfront, an der linken Wand ist die Tafel, ich sehe Julia, Ilona, Enrico, Maria Pia, Thomas und Wolfgang … Wie seltsam, dass ich mich an fast alle Namen der Mitschüler aus der Grundschulzeit entsinne.

Wir haben Deutsch bei Frau Bergmann. Alle Schüler sitzen. Nur nicht Matthias, so heißt der Junge, der heute Geburtstag hat. Er hält eine Plastiktüte in der Hand, sie ist prall gefüllt. Bevor der Unterricht beginnt, erlaubt Frau Bergmann ihm, von Tisch zu Tisch zu gehen und Süßigkeiten zu verteilen. Matthias greift immer wieder in die Tüte hinein und holt für jeden etwas heraus. Süßigkeiten, die ich nicht kenne. Nachdem alle beschenkt sind, setzt sich Matthias auf seinen Platz. Die Tüte hat er auf dem Boden abgestellt. Sie ist nicht mehr ganz so voll, aber immer noch gut gefüllt.

Frau Bergmann trägt meist eine gemusterte Bluse und

Hose, sie hat mittellanges braunes Haar und einen Seiten-scheitel. Eine unnahbare Person, eine, die sich die Mühe macht, die Diktate des Türkenmädchens, das gerade mal ein paar Monate in Deutschland lebt, akkurat zu korrigieren. Mit einem roten Stift. Die Seiten des DIN-A5-Hefts, in dem das Mädchen die Wörter so aufschreibt, wie es sie hört, sind voll von roten Strichen und Buchstaben.

Nun bin ich abgekommen von dem, was ich eigentlich er-zählen wollte: von der prall gefüllten weißen Plastiktüte. »Was ist da noch so alles drin?« Für nichts anderes als diese Frage interessiere ich mich an diesem Morgen. Ich traue mich aber nicht, Matthias zu fragen, ob ich mal einen Blick in die Tüte werfen kann. Also setze ich mir in den Kopf, die Antwort auf meine Weise herauszufinden. In der nächsten Stunde, im Sportunterricht, schleiche ich mich aus der Turnhalle, gehe in die Umkleide der Jungs und suche nach der Tüte. Und just, als ich in die Tüte reinschauen will, betritt Mustafa den Raum. Unsere Blicke treffen sich. Mehr passiert nicht. Kein Reden, kein Fragen. Der Junge mit dem braunen Haar dreht sich um und geht. Ich verlasse die Umkleide ebenfalls, gehe schnell zur Mädchentoilette und schließe mich ein. Ich bleibe drin, auch als die Lehrerin vor der Tür steht und zu mir spricht. Was sie sagt, verstehe ich nicht. Ich habe in diesem Moment nur einen Wunsch: mich in Luft aufzulösen. Ich habe keine Worte, kann nicht erklären, dass ich nur in die Plastiktüte reinschauen wollte. Die Scham darüber, als Diebin zu gelten, hindert mich daran, die Toilettentür zu öffnen. Irgendwann geht die Lehrerin.

Was danach passiert? Ich weiß es wirklich nicht. Ich fühle nur: Mustafa hat mich verraten – so wie er nicht eingeschrit-ten ist, sondern zugeschaut hat, wenn Klassenkameraden in der Pause auf mich einhauten. Es gibt keine Solidarität, die sich aus einer gemeinsamen Herkunft speist. Weil das Mädchen und Mustafa beide Türkenkinder sind, heißt es noch lange nicht, dass es einen Zusammenhalt geben muss. Das erlebe ich in der Grundschule.

Heute wird diese Solidarität einem geradezu abverlangt. Da gibt es die »Sisters and Brothers«, und da gibt es die »Allies«. Will man dazugehören, wird eigentlich von einem erwartet, den Mund zu halten und das Rumgeschimpfe auf Deutschland und die Deutschen hinzunehmen. Wer da nicht mitmacht, gilt als »Token«, als jemand, der sich den Deutschen anbiedert. Was für ein Quatsch!

Sollte ich Mustafa jemals begegnen, dann will ich von ihm unbedingt zwei Dinge wissen. Was wollte er denn in der Umkleide? Warum hat er mich verraten? Wobei: Im Rückblick bin ich mir gar nicht mehr so sicher, ob mich Mustafa wirklich verraten hat. Wollte er sich vielleicht nicht zum Mittäter machen, weil er dachte, ich hätte was aus der Tüte geklaut? Hat er sich womöglich aus einem Gerechtigkeitssinn heraus an die Lehrerin gewandt? Was wohl aus Mustafa geworden ist?

Die Witwen

Meine Schwestern und ich sind oft dabei, wenn die Eltern Gäste haben. Und in den ersten Jahren begleiten wir sie, wenn sie Landsleute besuchen. Manchmal spielen die Erwachsenen Karten, manchmal unterhalten sie sich nur. In diesen Gesprächen geht es um Arbeit, um Krankheiten und um Pläne für die Rückkehr in die Heimat. Es wird auch viel über Deutschland und die Deutschen gesprochen, wie sie so sind, was sie für komische Sachen essen und was sie alles machen oder nicht machen.

Die Eltern haben keine deutschen Freunde. Es gibt die Nachbarin aus der Wohnung nebenan, Oma Naujoks, und das Ehepaar mit dem Sohn im Grundschulalter, die eine Etage drüber wohnen. Sie kommen nie zu Besuch, nur einmal klingelt der Nachbar an der Tür und schimpft drauflos. Er gibt eindeutig zu verstehen, dass ich die Klappe halten soll. Er könne bei dem Gekreische keinen Mittagsschlaf halten. Es ist nämlich so: Wenn ich allein zu Hause bin, setze ich mich im Schlafzimmer der Eltern vor den Schminktisch mit dem großen Spiegel, nehme die Haarbürste in die Hand und singe. Ich bin nämlich eine berühmte englische Sängerin und gebe Konzerte. Meiner Karriere setzt der Nachbar jedoch ein Ende.

Es kommen keine Deutschen zu Besuch, und die Eltern besuchen auch keine Deutschen; nicht einmal an einer Hand lassen sich Treffen mit Einheimischen aufzählen. Einmal fährt die ganze Familie mit dem Bus quer durch die Stadt, um eine Deutsche zu besuchen. Mutter hat sie im Krankenhaus kennengelernt. Sie lagen im selben Zimmer, haben offensichtlich Telefonnummern ausgetauscht und sich nach dem Krankenhausaufenthalt verabredet. Heute frage ich mich, wie sie sich wohl verständigt haben, denn Mutter konnte ja nur wenig Deutsch.

Die Familie sitzt mit der Frau am gedeckten Tisch, es gibt Kaffee, es gibt Kakao, und es gibt Kuchen mit Sahne. Der Besuch bei der deutschen Frau endet damit, dass die Familie im

Schlafzimmer vor dem geöffneten Kleiderschrank steht. Die Eltern dürfen von der Garderobe des verstorbenen Ehemanns mitnehmen, was sie möchten. Mit prall gefüllten Tüten sitzt die Familie im Bus. Dem Gespräch meiner Eltern auf der Fahrt nach Hause entnehme ich: Es hat meiner Mutter nicht gefallen, dass die Deutsche ihnen die Kleidung angeboten hat. Trotzdem haben sie und mein Vater große Tüten, gefüllt mit Anzügen, Hemden und Pullovern, mitgenommen. Aus Höflichkeit. Sie wollten die Witwe nicht brüskieren.

Damals, als Neunjährige, konnte ich es nicht verstehen, warum die Mutter so enttäuscht von diesem Besuch war. Heute ahne ich, wie es ihr ergangen ist: Auch wenn es eine nett gemeinte Geste war, es kam nicht gut an bei meiner Mutter. Weil sie das Treffen dadurch nicht als eine Begegnung auf Augenhöhe empfand. Wir waren die bedürftige Gastarbeiterfamilie, sie die generöse Deutsche. Das muss meine Mutter verletzt haben. Sie wollte keine Almosen. Wie doch auch gute Absichten ihre Wirkung verfehlen, wie sie zu ganz feinen, kaum zu spürenden Verletzungen führen können. Vielleicht hätte das Missverständnis geklärt werden können, hätte der Riss gekittet und aus der Krankenhausbekanntschaft eine Freundschaft werden können, wenn … ja, wenn was? Wenn die Witwe und die Mutter noch einmal miteinander gesprochen hätten.

Meine Mutter hat sich nicht wohlgefühlt in Deutschland. Ihr fehlte es an Gesten des Willkommen-Seins. Verpasste Chancen, denke ich. Es hätte vieles besser werden können. Wenn sie, die Witwe und meine Mutter, noch mal bei Kaffee und Kuchen zusammengesessen hätten. Wenn meine Mutter Worte gefunden hätte, zu sagen, wie sehr sie sich gedemütigt fühlte, als sie vor dem Kleiderschrank stand und die Garderobe des Toten sichtete. Und wenn die Witwe ihr hätte erzählen können, dass sie als im Nachkriegsdeutschland groß gewordene Frau mit preußisch-protestantischer Erziehung nichts wegschmeißen mochte, dass es üblich war, denen, die weniger hatten als man selbst, das zu geben, was noch gut war …

Und dann gab es noch Wilhelmine Naujoks. Für ihre Freundinnen war sie »Mimmi«. Ich nannte sie anfangs Frau Naujoks, nach ein paar Monaten durfte ich Oma Naujoks zu ihr sagen. Sie lebte mit ihrer Tochter Lisa in der Wohnung gegenüber. Beide waren Kriegerwitwen, das erfuhr ich an einem der Nachmittage bei ihr. Oma Naujoks war eine kleine pummelige Frau, nie sah ich sie ohne das feine Haarnetz mit klitzekleinen weißen Perlen. Meist trug sie einen Hauskittel, knielang, mit kleinem Blumenmuster. Nur für den Besuch ihrer Freundinnen zum Kaffeekränzchen zog sie eine Bluse und einen Rock an. Manchmal durfte ich mit am Tisch sitzen. Es wurden Torten gegessen und Kaffee getrunken. Und auch Eierlikör. Von Oma Naujoks lernte ich mit spitzer Zunge Eierlikör aus dem feinen Gläschen zu lecken.

Auch vieles andere lernte ich von ihr. Sie war es, die meine Aussprache korrigierte, die mit mir Hausaufgaben machte. Wir verbrachten viele Nachmittage zusammen. Sie zeigte mir ihre Bilderalben und brachte mir bei, wie man Haferbrei und Pfannkuchen zubereitet. Ich kaufte für sie ein und war froh, wenn nichts von der Fleischtheke auf der Liste stand. Denn schon beim Anblick der Auslage drehte sich mir der Magen um. Den Geruch der Wurstwaren konnte ich kaum ertragen. Es ekelte mich, weil Schweinefleisch *haram* ist, verboten. Denke ich heute. Dass ich nie etwas von der Wurst oder dem

Aufschnitt essen wollte, die ich ihr beim Metzger kaufte, verstand Oma Naujoks nicht. Bis ich ihr erklären konnte, dass ich kein Schweinefleisch essen dürfe, weil ich ein muslimisches Mädchen sei.

Ich weiß nicht viel von Oma Naujoks, die mir sehr viel Wärme gab und mir vieles beibrachte. Wir waren gerne zusammen. Sie hörte mir zu, und sie antwortete. Rückblickend ahne ich, warum ihre Tochter Lisa so unfreundlich zu mir war. Es muss Eifersucht gewesen sein. Als Oma Naujoks mit Mitte 80 starb, war ich gerade mal zehn Jahre alt und hatte noch keine Ahnung von der deutschen Vergangenheit. Ganz selten sprach Oma Naujoks vom Krieg – und wenn, waren ihre Geschichten kurz und handelten von Hunger und Kälte, von Tagen und Nächten im Keller und von der Angst um ihren Mann, der in den Krieg gezogen war. Er war nicht zurückgekommen, und sie hatte nie wieder geheiratet. Tochter und Mutter hatten ihre Männer im Krieg verloren. Sie teilten das gleiche Schicksal. Und das Doppelbett.

Manchmal frage ich mich, ob Wilhelmine Naujoks auch den Arm zum Hitlergruß gehoben haben könnte. Bei diesem Gedanken wird mir seltsam zumute. Ob es meine Liebe zu Oma Naujoks trüben würde, wenn ich erführe, dass sie es getan hat? Ich möchte es gar nicht wissen.

Gesehen werden

Trotz Ausgrenzungen auf individueller und struktureller Ebene gab es immer wieder Menschen, die mich darin unterstützten, mich selbst nicht als Fremde und als Opfer von Diskriminierungen wahrzunehmen.

Nach der Orientierungsstufe (so hießen zumindest in Niedersachsen in den 1970er Jahren die fünfte und sechste Klasse) kam ich auf die Hauptschule. Ohne Protest folgten meine Eltern der Entscheidung, die die Lehrkräfte für mich getroffen hatten. Wäre da nicht Frau Looft gewesen, hätten diese Zeilen wahrscheinlich nicht entstehen können. Denn sie war es, die mich wahrnahm und meine Potenziale erkannte. Frau Looft war meine Klassenlehrerin in der siebten Klasse und neu an der Schule. Zuvor hatte sie in Afrika unterrichtet. In welchem Land genau das gewesen war, war nicht wichtig damals, deswegen habe ich es mir nicht gemerkt oder vielleicht auch gar nicht gefragt. Heute würde ich es nicht versäumen zu fragen. Ich bin ja inzwischen sensibilisiert dafür, dass Afrika ein Kontinent und kein Land ist. Und dass es ein Unterschied ist, ob jemand in Namibia, Ghana, Nigeria oder in Südafrika gelebt und gearbeitet hat.

Ich mochte Frau Looft sehr gerne. Vielleicht, weil sie mich sah. Mich ernst nahm. Nach dem Unterricht stellte ich mich immer zu ihr an den Lehrertisch und verwickelte sie in Gespräche zu Fragen, die ich mir vorher zurechtgelegt hatte. Bei ihr hatte ich das Gefühl, dass ich in Ordnung war, so wie ich war.

Frau Looft hatte eine näselnde Stimme, sie sprach leise und ruhig. Den einen Satz und diese eine Frage werde ich nie vergessen, nicht den Wortlaut, nicht den Ton: »Du gehörst nicht in diese Klasse. Wieso haben sie dich auf die Hauptschule geschickt?« Der Grund: Mein Zeugnis am Ende der sechsten Klasse war grottenschlecht. Ich hatte gerade so die Versetzung geschafft. Was eigentlich nicht verwunderlich war. Denn ich war erst knapp drei Jahre in Deutschland, hatte die Sprache nicht systematisch gelernt, bildete Sätze aus all dem, was ich aufschnappte.

In Anlehnung an die MeToo-Debatte, mit der Frauen unter anderem aus der Filmbranche und dem Kulturbereich sexuelle Belästigungen und Übergriffe öffentlich machten, beschrieben in sozialen Netzwerken unter dem Hashtag »#MeTwo« sehr viele junge Menschen mit Migrationsgeschichte ihre Diskriminierungserfahrungen – darunter waren auch zahlreiche Berichte aus der Schulzeit. Es steht mir nicht zu, darüber zu urteilen, ob es immer Benachteiligung aufgrund der Herkunft ist, wenn Schülerinnen und Schüler keine Empfehlung fürs Gymnasium bekommen. In meinem Fall war es – zumindest den Noten nach – durchaus berechtigt, mich auf die Hauptschule zu schicken.

Durchaus berechtigt ist heute die Kritik am Schulsystem. Damals war es für meine und viele andere ausländische Eltern nicht üblich, die »Empfehlung« der Lehrer und Lehrerinnen infrage zu stellen. Dass Kindern aus Einwandererfamilien nicht viel zugetraut wird, sie trotz gleicher Leistungen schlechter bewertet werden und Lehrer sich damit schwertun, sich bei diesen Kindern für eine weiterführende Schule auszusprechen – das kommt leider auch heute noch vor. Anders als zu meiner Schulzeit nehmen es Eltern mit Einwanderungsgeschichte heute aber nicht einfach hin, wenn ihr Nachwuchs auf die inzwischen noch weiter abgewertete Hauptschule soll.

Ich wechselte dank des Engagements von Frau Looft auf die Realschule. Bis ich verstand, was es mit den Artikeln auf sich hat, wann »der«, »die« oder »das« zu verwenden ist und wie die deutsche Grammatik funktioniert, dauerte es Jahre. Offen gesagt: So ganz habe ich es immer noch nicht verstanden. Warum hat beispielsweise »Junge« einen männlichen Artikel, »Mädchen« aber einen sächlichen? Es ist doch klar, dass ein Mädchen weiblich ist.

Jedenfalls ging ich zur Schule, verließ mit lauter Fragen den Unterricht und saß danach viele Stunden vor dem Fernseher. Mein Deutschkurs, das waren ARD, ZDF und NDR. Ich sog alles auf, was mir der kleine Schwarzweiß-Fernseher, der einen Korpus aus hellbraunem Holz hatte, nachmittags und abends bot. Stundenlang saß ich davor und plapperte Sätze nach. Ich verpasste kaum eine Folge von *Die Waltons, Das Haus am Eaton Place, Unsere kleine Farm, Die Onedin-Linie, Cannon, Die Straßen von San Francisco* und *Kojak – Einsatz in Manhattan*. Ich schaute auch viele andere Sendungen an – unabhängig davon, ob sie für Kinder geeignet waren oder nicht. Definitiv nicht geeignet waren Filme wie *Dracula*. Damit die Eltern nicht mitbekamen, dass ich zu später Stunde vor der Glotze hing, deckte ich das Fenster der Wohnzimmertür mit einem Handtuch ab. Ganz schön frech von mir, denke ich heute. Und auch mutig: trotz des Risikos, erwischt zu werden, auf der Couch zu liegen und spät abends fernzusehen.

Erinnerungen an meine Zeit als Heranwachsende zeigen mir: Nach und nach ist aus dem Mädchen, das keine Worte hatte, um sich verständlich zu machen, eine Schülerin geworden, die all die Abweisungen abwehren kann. »ICH will EUCH nicht!« Das wird zu meiner Maxime. Ich lerne die richtigen Artikel zu den Wörtern, achte darauf, dass ich »er«, »sie« und »es« beim Sprechen bewusst verwende, pauke englische Vokabeln und übe ihre Aussprache mit einem Kasettenrekorder.

Aus dem stummen Mädchen wird eine Pubertierende, die einmal mitten im Matheunterricht aufsteht, sich umdreht und einem Mitschüler eine knallt, weil er sie von hinten als Kümmeltürkin beschimpft hat – so leise, dass es der Lehrer nicht mitbekommt, aber laut genug, dass sie es hören kann.

Herr Peters, der Mathelehrer, fragt nicht einmal, was der Anlass der heftigen Reaktion sei. Als wäre nichts gewesen, macht er weiter, schreibt mit dem Rücken zur Klasse irgendwelche Formeln an die Tafel. So jedenfalls meine Erinnerung. Meine Freundin Virginia sagt: »Du hast dir nie was gefallen lassen.« Wir kennen uns seit der Realschulzeit. Damals ist sie die Tochter griechischer Gastarbeiter und ich die Kümmeltürkin.

Das will ich aber nicht bleiben. Ich lese viel in dieser Zeit, Bücher, die meine Schwester als Oberstufenschülerin gelesen hat. *Der Tod des Märchenprinzen* von Svende Merian und Bücher aus der rororo-Reihe »Neue Frau«. Wann immer ich genug Geld beisammenhabe, fahre ich zur Buchandlung Heinemann in Hannovers Innenstadt und kaufe mir ein Buch; in Erinnerung geblieben sind mir etwa *Schattenmund* und *Der Schlüssel liegt unter der Matte* von Marie Cardinal.

Als zu Beginn der zehnten Klasse die Deutschlehrerin das Schülerabo fürs Theater vorstellt und fragt, wer mitmachen möchte, bin ich eine der wenigen, die sich meldet. Es gibt Erlebnisse, die man vergisst, und solche, die einem nie aus dem Gedächtnis entfleuchen. Der Besuch der Aufführung von *Hoffmanns Erzählungen* im Opernhaus Hannover ist eines dieser unvergessenen Erlebnisse. Dabei zu sein, inmitten all dieser Menschen zu sein und mit ihnen zusammen dem Geschehen auf der Bühne zuzuschauen und der Musik zuzuhören. Ein großartiges Gefühl. Ein Gefühl von Erhabenheit. Und ein Gefühl von Zugehörigkeit.

Nach der Mittleren Reife wechselten Virginia und ich gemeinsam aufs Gymnasium und haben uns nie aus den Augen verloren. Wir telefonieren ab und an und treffen uns von Zeit zu Zeit. Ich habe sie neulich angerufen, um zu erfahren, wie es damals in der Realschulzeit war, als ich dem Jungen eine knallte. Meine Erinnerung trügt mich nicht: Herr Peters hat einfach weitergemacht mit dem Unterricht. »Ich habe dich für deinen Mut bewundert«, sagt Virginia. »Immer hast du dich gewehrt. Und du hast auch mich beschützt.« Sie hingegen habe sich nicht getraut, den Mund aufzumachen. Weil ihre Mutter ihr eingebläut habe, dass sie als Ausländer nicht negativ auffallen sollten. Und sie habe sich dafür geschämt, die Tochter eines Fabrikarbeiters zu sein. Heute schäme sie sich dafür, dass sie sich geschämt habe.

Schlechte und gute Lehrer

Denke ich an meine Abiturzeit, dann kommt mir als Erstes ein Zweizeiler in den Sinn. »Ich hatte schlechte Lehrer. Das war eine gute Schule.« Mein Deutschlehrer ist es, der mir dieses Gedicht, eigentlich ein Haiku, mit auf den Weg gibt. Erst viel später finde ich heraus, wer die »Lektion« verfasst hat: Arnfrid Astel, geboren 1933, gestorben 2018. Sohn eines Arztes, der beim Hitlerputsch mitmarschiert war und 1945 Selbstmord beging. Was für eine Bürde muss es gewesen sein für den Sohn.

Die Zeilen des »japanischsten aller deutschen Dichter«[5] begleiten mich. Sie tragen mich, versöhnen mich, wann immer ich mich ungerecht und schlecht behandelt fühle oder tatsächlich schlecht und ungerecht behandelt werde.

Ich hatte gute und ich hatte schlechte Lehrer. Gute Lehrer, das waren die, die meine Widerworte und Fragen zuließen, die mich sahen und mir zuhörten, die mir Resonanz gaben. So wie mein Philosophielehrer aus der Abiturzeit, zu dem ich immer noch einen herzlichen, wenn auch nicht häufigen Kontakt habe. »Wie war ich als Schülerin?«, habe ich ihn neulich gefragt und um eine ehrliche Antwort gebeten. »Temperamentvoll, talentiert für Nachdenklichkeit, Weiterdenken und Weiterfragen, etwas ungehobelt, gerne laut lachend, humorvoll, erfrischend eigensinnig, wenn es sich angeboten hat, im Kopf weiter als andere, natürlich auch sensibilisiert für die Situation eines Menschen mit Migrationsgeschichte.«

Schlechte Lehrer hatte ich auch. Lehrer, die dumme Sprüche machten, keinen Feinsinn, kein Taktgefühl, null Empathie, keine Ahnung von Pädagogik, geschweige denn von interkultureller Kompetenz hatten. Gut waren sie für mich trotzdem – weil sie meinen Ehrgeiz befeuerten, weil ich durch sie lernte, dass ich mir respektvollen Umgang wünschen und ihn erwarten, aber nicht einfordern kann. An die schlechten Lehrer erinnere ich mich genauso wie an die guten. Sie haben alle auf ihre Weise etwas dazu beigetragen, dass ich meinen Weg gehen konnte.

Von mir auf andere schließen, das wäre anmaßend. Meine Erfahrung ist meine, aber sie ist auch kein Einzelfall: Wie oft habe ich Menschen mit ähnlicher Biografie getroffen, die mir von dem einen Lehrer oder der einen Lehrerin erzählten, der/die gut gewesen war und sie bestärkt hatte.

Erste Liebe

Sascha hat dichte, zusammengewachsene Augenbrauen und blaue Augen. Ich, damals 13 Jahre alt, verbringe Stunden mit ihm in seinem Zimmer. Wir trinken Tee und essen Kekse, die seine Mutter uns auf einem Tablett reinbringt. Mal sitzen wir auf seinem Bett, mal liegen wir auf dem braunen Teppichboden und hören Musik. Und wir sprechen dabei über Bücher, die ich mir von ihm ausgeliehen habe. Über *Siddhartha,* über den *Fänger im Roggen.* Einen Comic über Karl Marx. Wir verbringen viele Stunden in dem Zimmer mit den schrägen Wänden, während Stevie Wonder, Joan Baez oder Joe Cocker singen. Sascha hat eine Plattensammlung mit Livemusik des Woodstock-Festivals. Der 14-jährige Sohn eines russischen Vaters und ich philosophieren viel auf dem braunen Teppichboden. Von gemeinsamen Reisen nach Florenz träume ich – in die Stadt, in der sein Vater als Künstler eine Zeit lang gelebt hat.

An Sascha konnte ich mich damals nicht sattsehen. Ich schmachtete nach dem Jungen mit dem blonden Haar und den blauen Augen. Wenn ich ihn anschaute, hatte ich Schmetterlinge im Bauch. Zu meinem Unglück verliebte sich Sascha in ein anderes Mädchen. Ohne dass wir uns jemals geküsst oder Händchen gehalten hätten, endete die Liebe. Für ihn. Ich trauerte lange und träumte von Nachmittagen mit Sascha. Noch als Studentin sehnte ich mich nach der nicht ausgelebten ersten Liebe.

Erst viele Jahre später, ich bin Mitte zwanzig, treffe ich ihn wieder. Am Küchentisch seiner Mutter sitzen wir uns gegenüber, trinken toskanischen Rotwein und sprechen über dies und das.

Ich schaue ihn an und verstehe plötzlich, warum Männer mit dichten Augenbrauen eine so starke Anziehungskraft auf mich hatten. Ich sehe einen Menschen. Bringe diesen Menschen mit jemand anderem in Verbindung und packe ihn in eine meiner mentalen Schubladen. Weil irgendwo in meinem Hirn Informationen abgespeichert sind, die wie von selbst abgerufen werden – zum Sortieren und Einordnen und Zuordnen. Manchmal sehe ich in meinem Gegenüber jemanden, der er gar nicht ist. Ehe man sich versieht, denkt man in Schubladen, in vorgefassten Kategorien. So funktionieren auch Klischees, für die wir in der Identitätsdebatte so sensibilisiert sind. Seit dem Abend am Küchentisch lassen mich Männer mit dichten Augenbrauen kalt. Sascha als Kategorie sehe ich in anderen nicht mehr. Sascha, die Person, treffe ich hingegen immer noch – einmal im Jahr, immer am zweiten Freitag im Dezember. In Hannover.

Jean Améry und Charles Bovary

Als ich mich entschied, Geschichte und Literaturwissenschaft zu studieren, hatte ich null Ahnung davon, was am Ende aus mir werden würde oder was ich werden sollte. Rückblickend empfinde ich es mal als sehr naiv, mal als sehr mutig von mir, mich so gar nicht mit der Karriereplanung befasst zu haben. Meinen Eltern war es wichtig, dass ihre Töchter studieren. Anders als bei ihrer ältesten Tochter, die Ärztin werden sollte und auch wurde, hatten sie für mich keinen Berufswunsch. Um es auf den Punkt zu bringen: Ich hatte Narrenfreiheit, und dank eines Stipendiums, das ich vom Evangelischen Studienwerk erhielt, war ich auch finanziell sorgenfrei. Ich gehörte zu den ersten Stipendiaten des Sonderprogramms, mit dem muslimische Studentinnen und Studenten gefördert wurden. Auch dafür bin ich dankbar! Ich habe viel länger studiert, als ich gemusst hätte. Und das, weil ich das Studieren in vollen

Zügen genoss und es mir leisten konnte. Mein Stipendium stockte ich auf – unter anderem als Kellnerin im Dirndl in einem gutbürgerlichen Restaurant am Hauptbahnhof und als Putzfrau bei einer Burschenschaft. Deren Villa war fußläufig zur Uni, sodass ich zwischen den Seminaren mal schnell zum Saubermachen rübergehen konnte. Und zum Saubermachen gab's jede Menge bei den Burschen! In irgendwelchen Büchern hatte ich zwar etwas von schlagenden Verbindungen gelesen. Bevor ich den Job annahm, hatte ich aber keine Vorstellung davon, was das wirklich ist. Mein entsetztes Gesicht hätte ich gerne gesehen, als ich durch die Villa geführt wurde. Ein Saal zum Fechten, eine Kneipe mit eichengetäfelten Wänden, gleich daneben die Sanitäranlagen: ein rundum gekachelter Raum, am Boden entlang der Wände Rinnen und an den Wänden eingelassene Keramikschüsseln mit Griffen. Kotzbecken, wie ich bald mitbekommen sollte. Fechten. Pauken. Saufen. Kotzen. Ich hatte Mitleid mit den Burschen.

Im Herbst 1985 begann ich zu studieren. Dass es die Leibniz Universität Hannover gewesen ist, an der ich mein Magisterstudium in Literaturwissenschaft und Geschichte abschloss, erfuhr ich über den Wikipedia-Eintrag, den jemand über mich angelegt hat – ich selbst war es nicht. Denn Leibniz wäre bei mir gar nicht aufgetaucht. Zu meiner Studienzeit hieß die Uni nur Universität Hannover.

Es war ein großartiges Gefühl, dort zu studieren. Wenn ich die Stufen des Welfenschlosses hochging, kam ich mir vor wie in einem Film! Das historische Gebäude an den Herrenhäuser Gärten war »meine« Uni. Dort befand sich die Fakultät für Geistes- und Sozialwissenschaften. Im Welfenschloss und in der Grünanlage drumherum verbrachte ich viele Stunden. Im nahe gelegenen Historischen Seminar war ich zwar auch oft, aber nicht ganz so gerne wie im Welfenschloss – aus einem ganz einfachen Grund: Das Historische Seminar war in einem schlichten Backsteingebäude untergebracht.

Es gab Lehrveranstaltungen, in denen ich nichts verstand, dann aber auch solche, in denen es plötzlich »Klick« machte in meinem Kopf. Vorlesungen, in denen ich regelmäßig einschlief, weil die Professoren sich keine Gedanken darüber machten, ob ihre heruntergeleierten Vorträge bei den Studierenden ankamen. Diese Erfahrungen erinnern mich heute daran, meine Studentinnen und Studenten nicht mit monotonem Vor-mich-hin-Dozieren zu quälen. Ich hoffe, dass es mir gelingt.

Für Referate quälte ich mich durch Primär- und Sekundärliteratur und schrieb, ohne eine Ahnung von wissenschaftlichem Arbeiten und Schreiben zu haben, eine Hausarbeit. Heute bringe ich an der Hessischen Hochschule für Polizei und Verwaltung angehenden Verwaltungsbeamten genau das bei, was ich mir zu meiner Studienzeit mühsam aneignen musste. Kurse zum wissenschaftlichen Arbeiten gab es damals nicht – vielleicht hatte ich aber auch einfach nichts davon mitbekommen.

An etliche Details aus meiner Studienzeit erinnere ich mich sehr genau, an manche nicht. Meine Freundin Michaela, die ich im ersten Semester kennenlernte, hilft mir auf die Sprünge. Bei einem Kurs sei ich mit einem Kassettenrekorder aufgetaucht, erzählt sie mir am Telefon. Ich kann mich anfangs nicht erinnern und lasse Michaela mein Gedächtnis aktivieren: »Du hattest ein Referat zu halten, stelltest den Kassettenrekorder vorne auf den Tisch des Dozenten und batest um Aufmerksamkeit. Und dann hast du gesagt: ›Leute, wenn ich aufgeregt bin, kann ich nicht ganz so gut Deutsch sprechen. Ihr hättet nichts davon, wenn ich mein Referat frei vortragen würde. Ich hab's auf Kassette und werde es euch abspielen.‹« Aus Michaelas Stimme höre ich heraus, dass sie das, was sie sagt, ernst meint: »Ich war baff. Fand es mutig von dir. So ein offener, ehrlicher Umgang mit Defiziten, das war ich gar nicht gewohnt.« Ich möchte von ihr noch etwas anderes wissen: worüber ich das Referat gehalten habe. Daran kann sich Michaela nicht erinnern. Ich schon gar nicht. Wir lachen. Es hat sich seitdem nicht viel geändert: Wenn ich emotional involviert bin, stolpere ich beim Sprechen immer noch über die deutsche Grammatik.

Sehr gut erinnere ich mich an ein paar andere Kurse. Etwa bei Professor Brüggemann. Wahrnehmung der Moderne. *Manhattan Transfer* von Jon Dos Passos. Die *Fahrt zum Leuchtturm* von Virginia Woolf. Und *Ulysses* von James Joyce. Leopold Bloom, die Hauptfigur im Roman des irischen Schriftstellers, bereitete mir schlaflose Nächte. Ich wollte ihn verstehen, diesen Leopold, der die Wünsche seiner Frau erfüllte, obwohl sie ihn betrog, der ein Außenseiter war, Selbstgespräche führte und das freiberufliche Arbeiten der Festanstellung vorgezogen hatte. Ich ging in meiner Vorstellung und mithilfe des Stadtplans mit Leopold Bloom durch die Straßen von Dublin. Und irgendwann beschloss ich: Ich will wirklich nach Dublin. Mir das alles vor Ort ansehen. Mit meinem damaligen Freund Wolfgang reiste ich nach Irland, verbrachte einige Tage in Dublin und begab mich mit ihm auf die Spuren des Unhelden.

Es folgten weitere Reisen während meines Studentenlebens. Auf den Spuren von Elias Canetti, dessen autobiografische Bücher ich gelesen hatte, reiste ich von Hannover über Wien und Russe (Canettis Geburtsort in Bulgarien) zurück in mein Herkunftsland. Mitte der 1980er Jahre war es noch möglich, in Istanbul und auf den Prinzeninseln Menschen zu begegnen, die Nachfahren der Ende des 15. Jahrhunderts aus Spanien vertriebenen sephardischen Juden waren. Dieses weitere Beispiel für Entwurzelung faszinierte mich. Und machte mich auch fassungslos.

Zwei Männer haben mich von Anfang bis Ende meines Studiums begleitet: Jean Améry und Charles Bovary. Ihre und meine Lebensgeschichte verknüpften sich auf eigentümliche Weise. Den Namen Jean Améry las ich im ersten Semester in einem Sammelband. Der 1912 in Österreich geborene jüdische Schriftseller überlebte KZ und Folter und wohnte nach dem Krieg in Brüssel. Sein letztes Buch, 1978 erschienen, ist ein Roman-Essay über Charles Bovary. Améry, der eigentlich Hans Mayer hieß und nach dem Überleben nicht mehr so heißen wollte, rehabilitiert eine Kunstfigur, den Ehemann von Emma Bovary aus Gustave Flauberts Roman *Madame Bovary*. Es ging Améry um die Ehrenrettung eines bürgerlichen Subjekts in Gestalt eines rechtschaffenen Landarztes, für den Flaubert null Sympathie gehabt haben muss. Denn in dessen Roman ist Charles nichts anderes als ein Trottel und ein gehörnter Ehemann.

Über Jean Améry und sein Buch *Charles Bovary, Landarzt. Porträt eines einfachen Mannes* schrieb ich meine Magisterarbeit. Währenddessen überklebte ich das Cover eines Buches, auf dem ein Porträt von Jean Améry abgebildet war. Seinen leidvollen Gesichtsausdruck konnte ich nicht ertragen. Ein Blick auf das Foto, schon war ich blockiert.

Wie mit Friedrich, dem Jungen aus dem Buch meiner Schulzeit, litt ich mit Charles Bovary, den seine Frau Emma so schlecht behandelte; ich litt aber auch mit Emma, die so viele Träume gehabt hatte und mit ihrem bäuerlich-ungehobelten Mann nicht glücklich wurde. Und vor allem litt ich mit und an Jean Améry. Und das, je mehr Bücher ich von ihn las. *Jenseits von Schuld und Sühne. Bewältigungsversuche eines Überwältigten, Hand an sich legen. Diskurs über den Freitod, Lefeu oder Der Abbruch.* Welche Folgen der Nationalsozialismus und die menschenverachtende Ideologie für jeden Einzelnen hatte, zeigte sich für mich an konkreten Lebensgeschichten. Ich war so »besessen« von diesem einen Schicksal, dass ich mir nicht anders weiterzuhelfen wusste, als an den Ort zu fahren, an dem Améry das erlebt hatte, was er als »entmenschlicht werden« beschrieb: die Folterkammer im Fort Breendonk, einer Festungsanlage in Belgien. Ich stand in der kleinen Kammer mit kahlen Wänden und einem schmalen kleinen Fenster, schaute um mich und spürte nichts. Was ich mitgenommen habe aus der Folterkammer ist kein Gefühl, sondern eine Farbe: Dunkelgrau.

Was ich jedoch erspüre, wenn ich schreibend auf Spurensuche nach dem Menschen gehe, der ich vor dreißig und mehr Jahren war, ist das: Ich war wissensdurstig, ich wollte verstehen, was mir unverständlich erschien. Geschichte überforderte mich, überfordert mich immer noch. Geschichten aber nicht. Ich möchte immer noch verstehen. Die anderen und auch mich.

Was ich heute verstehe, ist, wie sehr es jemanden kränkt, der sich abrackert und lernt und macht und tut, um dazuzugehören, und dem dennoch kein Einlass in die Gesellschaft gewährt wird. Woher nahm ich die Kraft, nicht auf den Einlass zu warten? Mich nicht davon abhängig zu machen, ob und dass mir etwas gewährt wird? Dieses Land habe ich mit viel Mühe und mit vielen Qualen zu meiner Heimat gemacht. Es ist auch mein Land, und ich möchte nicht, dass hier die von völkischer Ideologie verblendeten Menschen überhandnehmen, nicht die, die Deutschtümelei betreiben und von deutscher Kultur daherreden, aber aus fünf Wörtern keinen grammatikalisch korrekten Satz bilden können; nicht die mehr werden, die von einem Deutschland träumen, das es nie gegeben hat und hoffentlich nie geben wird. Dafür müssen wir zusammenhalten. Denn:

Die Würde des Menschen ist unantastbar. Sie zu achten und zu schützen ist Verpflichtung aller staatlichen Gewalt.

Das Deutsche Volk bekennt sich darum zu unverletzlichen und unveräußerlichen Menschenrechten als Grundlage jeder menschlichen Gemeinschaft, des Friedens und der Gerechtigkeit in der Welt.[6]

Als problematisch erachte ich die Formulierung »Das Deutsche Volk«. Wenn ich das Wort »Volk« höre oder lese, gruselt es mich. Ich bringe damit die vielen Millionen Tote und das kaum in Worte zu fassende Leid so vieler Menschen in Verbindung. Was soll das sein, das deutsche Volk? Wer alles ist gemeint, wenn vom deutschen Volk die Rede ist? Ich bin deutsche Staatsbürgerin, und das bin ich aus voller Überzeugung. Ein distanziertes Verhältnis habe ich zu denen, die meinen, sich als »Deutsches Volk« das Recht nehmen zu können, andere abzuwerten oder gar nach deren Leben zu trachten. Wie armselig!

Menschen mit Herz und alte weiße Männer

Blicke ich zurück auf mein Berufsleben, dann stelle ich fest: Der Anfang jeder wichtigen Phase war ein Anruf. Von Telefonaten und Gesprächen mit »privilegierten« Menschen mit Herz und von »alten weißen Männern« wird daher an dieser Stelle die Rede sein.

Nach meinem Studium war ich orientierungslos. Dass ein Magisterabschluss nicht automatisch in einen Beruf mündet, hatte ich komplett verdrängt. Ich hatte mit Lust, Leidenschaft und auch mit leidvollen Phasen studiert und mir dabei leider zu wenig Gedanken darüber gemacht, wie ich an welches Ziel gelangen könnte. So kam es, dass ich nach dem Studium ziemlich durchhing. Meine Idee, Lehrerin zu werden, hatte ich nach dem vierten Semester verworfen. Ein Beamter aus dem Kultusministerium hatte mir Mitte der 1980er Jahre erklärt, dass es keine gute Idee sei, als Türkin Deutschlehrerin werden zu wollen: »Die deutschen Eltern würden Ihnen das Leben schwer machen.« Während ich diese Zeilen schreibe, denke ich, dass sich heute kein Beamter mehr trauen würde, das zu sagen, und auch, dass hoffentlich kein Beamter tatsächlich mehr so denkt. Und wenn doch: Dieses Denken möge mit dem Generationenwechsel aus den Amtsstuben verschwinden.

Wie ich geworden bin, wer ich bin? Ich denke, dass vor allem auch Ausgrenzungserlebnisse in mein Werden hineingewirkt haben.

Für den Journalismus interessierte ich mich aus zwei Gründen. Zum einen bin ich zu einer Zeit groß geworden, in der »über uns«, die Arbeitsmigranten und ihre Familien, kaum in den Medien berichtet wurde – und wenn doch, dann meist im Zusammenhang mit Problemen. Ansonsten waren wir unsichtbar, kamen gar nicht vor in dem Leben derer, für die wir die anderen, die Fremden waren. Es sei denn, es gab Arbeitskollegen oder Nachbarn, die unmittelbar Erfahrungen teilen konnten.

Der zweite Grund war die kritische Berichterstattung über die Türkei in deutschsprachigen Medien. (Je weniger ich meine Identität an meinem Geburtsland festmachte, desto mehr erkannte ich, dass es gar keine schlechten Berichte, sondern berechtigte Kritik an der türkischen Innenpolitik waren.)

Auf alle meine Bewerbungen für ein Volontariat bekam ich Absagen – von manchen Redaktionen nicht einmal das. Ich jobbte im ersten Jahr nach dem Studium in Kneipen und nahm schließlich das Angebot an, beim Bund für Umwelt- und Naturschutz Deutschland e.V. ein Jahr lang an einem Projekt mitzuarbeiten: »Umweltaufklärung für türkische Mitbürger«. Eine Woche bevor mein Arbeitsvertrag auslief, wurde mir klar, dass ich ganz bald das Büro räumen musste. Ich saß am Schreibtisch, blickte aus dem Fenster und hatte plötzlich eine Idee. Ich suchte aus den Gelben Seiten die Nummer der *Hannoverschen Allgemeinen Zeitung* heraus und wählte sie, ohne groß nachgedacht zu haben. Der Frau in der Telefonzentrale erklärte ich, dass ich mit der Person verbunden werden möchte, die für Praktika in der Redaktion zuständig sei. Ein paar Sekunden später hörte ich eine weibliche Stimme: »Wallbaum.«

Ich erzählte, was ich studiert hatte, dass ich gerne Journalistin werden wollte, nur Absagen auf meine Bewerbungen erhalten hätte und ratlos sei. Meinem spontanen Impuls folgend, hätte ich nun bei der *HAZ* angerufen. Und dann schob ich noch hinterher: »Ich denke, dass meine Absagen mit meinem Namen zusammenhängen.«

»Was machen Sie am Sonntag?«, fragte die Frau daraufhin. Selbst wenn ich etwas vorgehabt hätte, war für mich klar: Das war meine Chance!

Sonntag um 15 Uhr holte mich am Empfang des Redaktionsgebäudes eine zierliche Frau mit kurzen grauen Haaren und einer Brille mit schwarzer Fassung ab. Oje, dachte ich, als sie mir gegenüberstand, was für eine strenge Person. Es dauerte nicht lange, und ich stellte fest, dass mein erster Eindruck getrogen hatte. Drei Stunden später, nach unzähligen Zigaretten, zig Tassen Kaffee und Gesprächen über Gott und die Welt fragte mich Oda Wallbaum: »Haben Sie ein Auto?«

Nein, ich hatte kein Auto. Aber daran sollte mein Weg zu einem Redaktionspraktikum nicht scheitern.

»Ja, habe ich!«, lautete deshalb meine Antwort. Ich kaufte mir einen alten schwarzen Fiat Panda, der aussah wie die Autos, die ich als Kind immer gezeichnet hatte.

Meine Annahme, die Absagen für meine Bewerbungen hätten etwas mit meinem Namen zu tun, hatten Oda Wallbaum veranlasst, mich zu einem Gespräch einzuladen. Das erfuhr ich bei unserem ersten Treffen. Die Ausbildungsleiterin, die »Volontärmutter« und Seele der Zeitung, war Jüdin. Ein paar Jahre später, als wir wie viele Male zuvor in ihrem Büro saßen, rauchten und Kaffee tranken und über die kleinen Freuden des Alltags sprachen, erfuhr ich von ihr, was an jenem Sonntagnachmittag für mich gesprochen hatte: »Du warst nicht aufgetakelt, hattest keinen Schmuck, keine Schminke, warst aufgeregt, aufgeweckt und authentisch.«

Als Praktikantin in einer der *HAZ*-Außenredaktionen, dem *Deister Anzeiger*, lernte ich das journalistische Handwerk von der Pike auf – in Terminen bei den Kaninchenzüchtern, bei den Landfrauen, Jägern und Männergesangsvereinen und, und, und … Es waren Lehrjahre, die ich nicht missen möchte. Nicht nur, weil ich das Recherchieren und Nachfragen, Schreiben und Redigieren lernte. Sondern weil ich auch Einblicke in Lebenswelten bekam, zu denen ich sonst keinen Zugang gehabt hätte. Ich lernte sehr viele liebenswürdige Menschen kennen, bekam mit, wie vielfältig Deutsch-Sein ist, und stellte fest, wie sehr ich bislang von Vorurteilen fehlgeleitet wurde. Deutsche sind kleinlich und kaltherzig, nicht gastfreundlich und egoistisch, um einige Eigenschaften zu nennen, die »wir Türken« mit »den Deutschen« in Verbindung setzten und wohl nicht wenige noch immer tun.

In den ersten Monaten lief es so: Fanden an den Wochenenden, an denen ich Dienst hatte, Termine bei den Jägern oder Schützen statt, vergab die Redaktionsleiterin, Anne Gramsch, diese Termine an deutsche Kollegen. Anne, mit der mich schon bald eine innige Freundschaft verband und die leider viel zu früh starb, wollte mich schützen vor den Schützen und Jägern, sie hatte die Sorge, dass man nicht freundlich zu mir sein würde. Ich setzte mich durch, ging auch zu diesen Terminen und saß stundenlang dabei, wenn sich Kandidaten vorstellten, Kassenwarte entlastet und Vorstände gewählt wurden. Es faszinierte mich, wie sehr auf das Einhalten demokratischer Prinzipien selbst in einem Kaninchenzüchter-Verein geachtet wurde. Nach dem offiziellen Teil der Termine saß ich mit den Leuten zusammen, trank auch mal Schnaps und Bier, hörte ihnen zu, schnappte Themen für weitere Artikel auf und erzählte auch von mir. Davon, warum und wie ich nach Deutschland gekommen war und warum ich so gut Deutsch sprach. Ich bekam den Spitznamen »Türkische Botschafterin am Deister«. Ich erkannte, dass schon allein die Frage, woher ich komme, und die darauffolgenden Gespräche die Vorurteile der anderen aufbrechen konnten.

Zu einigen Menschen aus der Zeit habe ich heute noch gelegentlich Kontakt. Was auch daran liegt, dass ich meine Mobilfunknummer nie geändert habe und sie mich anrufen, wenn sie über eine Frage zum Thema Islam oder Integration mit mir sprechen möchten.

Aus den vier Wochen Redaktionspraktikum wurden zwei Jahre freie Mitarbeit beim *Deister Anzeiger*. Nach dieser Zeit bekam ich eines der begehrten Volontariate. Beschleunigt haben mag dies, dass ich den ersten Platz bei einem Journalistenpreis gewann. Ausgelobt hatte ihn unter dem Motto »Fremd – na und« die niedersächsische Ausländerbeauftragte. Die Redaktion hatte eine Sonderseite von mir über türkische Familien am Deister eingereicht.

Warum meine Bewerbungen um ein Volontariat erfolglos geblieben waren und warum das nicht zwangsläufig mit meiner türkischen Herkunft zu tun hatte, stellte ich übrigens schon nach den ersten Wochen als Praktikantin fest. Welch eine Chuzpe, sich ohne jegliche journalistische Erfahrung um einen der so begehrten Ausbildungsplätze beworben zu haben! Von den Kollegen in der Redaktion bekam ich mit, wie der Weg dahin eigentlich verlief: Viele hatten schon in der Schulzeit die Weichen gestellt und in den Ferien und später in der vorlesungsfreien Zeit als freie Schreiber gearbeitet.

Nach meinem Volontariat war mir klar: Ich bleibe Lokalredakteurin. Ich wollte aber über den Tellerrand schauen und aus privaten Gründen nach Frankfurt am Main. Und wieder folgte ich eines Morgens meinem Impuls, ließ mir von der Telefonauskunft die Nummer der *Frankfurter Rundschau* geben und mich von der Telefonzentrale zur Lokalredaktion verbinden.

War es Glück? War es Kismet – Schicksal? Jedenfalls war es nicht die Sekretärin, sondern der Ressortleiter persönlich, der den Anruf entgegennahm. Schon wieder schien es gut für mich zu laufen. Ich schickte meine Bewerbungsunterlagen an die *Frankfurter Rundschau* – mit einem Anschreiben auf grauem Umweltpapier, das Bewerbungsfoto ins Dokument kopiert und mit Sätzen, in denen es an Fehlern nicht mangelte. Damit hätte ich heute gewiss keine Chance auf eine Stelle im Journalismus.

Die formalen Mängel scheinen die Chefredaktion damals nicht abgeschreckt zu haben. Nur ein paar Tage nachdem ich die Bewerbung abgeschickt hatte, klingelte es zur Nachmittagszeit auf meinem Handy. »Guten Tag, Frau Topçu, hier spricht Hans-Helmut Kohl von der *Frankfurter Rundschau*.« Ich weiß noch ganz genau, wo ich stand, als ich den Anruf entgegennahm, was ich während des Telefonats und danach machte. Das Gespräch endete mit der Einladung zu einem Vorstellungstermin. An dem vorgeschlagenen Tag im September 1998 konnte ich aber nicht, weil ich da schon in der Türkei sein wollte, um als Reporterin für die *HAZ* über den »Fall Mehmet« zu berichten.

»Warum fliegen Sie nicht von Frankfurt aus und kommen vorher bei uns in der Redaktion vorbei?«, fragte Herr Kohl. Ja, warum eigentlich nicht? Nach dem Telefonat legte ich »It's Probably Me« von Sting auf, drehte die Lautstärke hoch und ließ mich von der Musik treiben. Ich liebe dieses Stück, auch wegen des Gitarrensolos. Und wann immer ich es höre, ist dieser Glückmoment wieder da.

Eine Woche später betrat ich mit meinem Trolley das *Rundschau*-Haus am Eschenheimer Tor und fuhr im Fahrstuhl mit weichen Knien zur zweiten Etage hinauf. Dann saß ich am Tisch mit zwei »alten weißen Männern«, Hans-Helmut Kohl und Jochen Siemens, den beiden stellvertretenden Chefredakteuren. Worüber wir so alles sprachen, erinnere ich nicht mehr, aber das, worauf wir uns einigten, sehr wohl: Wenn auch der Chefredakteur grünes Licht geben würde, könnte ich am 2. Januar 1999 als sogenannte Pauschalistin, also ohne Festanstellung, aber mit einem monatlichen fixen Honorar, in der Lokalredaktion anfangen. Die beiden »alten weißen Männer« begleiteten mich ins Büro von Chefredakteur Roderich Reifenrath, einem ebenfalls »alten weißen Mann«. Nach etwa zwanzig Minuten, die ich ihm gegenübersaß, hatte ich die Stelle.

In einer Zeit, in der Redakteursstellen knapp und sehr begehrt waren, schaffte ich es ohne Vitamin B, also ohne jegliche Beziehungen, über die Schwelle der »heiligen Hallen«. Ich hatte zur richtigen Zeit die Initiative ergriffen, denn die *FR* wollte mehr Vielfalt im Team und auch in der Berichterstattung. Bei der Suche nach Journalisten mit Migrationshintergrund, die in Deutschland ihre Ausbildung gemacht hatten, war die Chefredaktion allerdings nicht weit gekommen. Denn: Als ich mit dem Journalismus begann, galt dieser Beruf für Menschen wie mich nicht als erstrebenswert. Kinder von Arbeitsmigranten verbanden mit sozialem Aufstieg andere Berufe: Ärzte und Anwälte etwa. Ich war meines Wissens die erste türkischstämmige Journalistin, die eine Redakteursstelle bei einer überregionalen Zeitung hatte. Für Nachkommen von Arbeitsmigranten wurde ich zum Vorbild – wie ich in Gesprächen mit Journalistinnen und Journalisten erfuhr, die inzwischen für renommierte Medien arbeiten.

Im Laufe der vergangenen 25 Jahre hat sich sehr vieles zum Positiven geändert. Für Nachkommen von Arbeitsmigranten und andere Minderheiten ist der Journalismus inzwischen ein attraktiver Beruf, und anders, als es zuweilen kolportiert wird, ist es viel einfacher als früher, in den Redaktionen Fuß zu fassen.

Damit sich die Diversität der Gesellschaft in den Medien- und Produktionshäusern widerspiegelt, wird derzeit viel über eine Quote für Medienschaffende aus Einwandererfamilien und Minderheiten debattiert. Der Verein Neue Deutsche Medienmacher*innen, zu dessen Mitbegründerinnen ich gehöre und in dem ich mich viele Jahre engagiert habe, fordert bis 2030 eine Quote von 30 Prozent. Abgesehen davon, dass ich persönlich nicht über eine Quote in eine Redaktion reinkommen wollte, frage ich mich, wie diese Forderung umgesetzt werden könnte. Es gibt zwar inzwischen jede Menge Nachwuchsjournalisten aus unterschiedlichen Minderheiten-Gruppen, aber ob es genug gibt und alle für jeden Job geeignet sind?

Mir öffneten sich die Türen zur *Frankfurter Rundschau*, weil ich mich als türkischstämmige Journalistin bewarb. Was sprach außer der Herkunft noch für mich? »Bei den Bewerbungsgesprächen habe ich mich auch immer an meinem ersten Eindruck orientiert«, erzählt mir der ehemalige Chefredakteur Roderich Reifenrath an einem Sonntagmorgen am Telefon. Bei ihm punkteten diejenigen, bei denen er eine

Mischung aus Aufgeregtheit und Selbstbewusstsein spürte. »Leute, die den Raum mit breiter Brust betraten und sich so gaben, als könnten sie mal eben zehn Kilo stemmen, waren mir nicht geheuer, wie auch solche, die zu viel geredet haben«, so der inzwischen 86-Jährige. Er habe auf die Balance zwischen Aufregung und Selbstvertrauen geachtet. »Mir waren Menschen lieber, die beim Handschlag feuchte Hände hatten, als solche mit trockenen Händen.« Es sei doch menschlich und verständlich, wenn man vor dem potenziellen Chef sitze und aufgeregt sei. Und dann erzählte er von einem Gespräch mit einer Bewerberin, die sein Büro mit einem »Tschüssi« verlassen habe. In diesem Moment habe er gewusst, wie er sich entscheiden würde. Gott sei Dank hatte ich mich nicht mit »Tschüssi« verabschiedet, als ich das Büro des Chefredakteurs verließ und der Trolley hinter mir herrollte. Wann immer von »alten weißen Männern« die Rede ist, denke ich an die »alten weißen Männer«, denen ich viel zu verdanken habe.

Kapitel 2: Wie Fische im fremden Teich

Sie haben sich nicht anstrengen müssen, sind überall im Teich souverän geschwommen. Sie sind im eigenen Teich geboren, konnten sich gleich fortbewegen. Für sie war alles vertraut. Wir hingegen mussten uns neu in dem Teich orientieren, der Geschmack und der Geruch und die Farbe des Wassers waren so anders und all die Pflanzen auch; wir wussten nicht, was sich hinter dieser oder jener Pflanze verbirgt, was hinter diesem oder jenem Stein lauert. Wir sind in diesen Teich ausgesetzt worden, so ganz ohne Vorbereitung. Wir haben es ihnen nicht übel genommen, dass sie so selbstverständlich in dem Teich hin und her schwammen. Es ihnen nicht geneidet. Oder doch?

Wenn ich heute Fische für meinen Teich kaufe, dann füllt der Verkäufer aus dem Becken, aus dem ich die Tiere auswähle, zunächst Wasser in einen Transportbehälter ab. Mit einem Kescher fängt er dann vorsichtig meine Fische ein und lässt sie ebenso vorsichtig in den Transportbehälter gleiten. Vorsichtig bin ich auch bei der Fahrt nach Hause, vorsichtig beim Aussetzen des Behälters in den Teich in meinem Garten. Die Fische sollen sich langsam an ihr neues Lebensumfeld gewöhnen, an den Teich und an die Wassertemperatur. Es braucht etwa eine Stunde, erklärte mir der Verkäufer, bis sich die Temperatur des Wassers im Transportbehälter der des Teiches angleicht. Also bekommen meine neuen Fische diese

Zeit, um sich einzugewöhnen in den fremden Teich und die ungewohnte Umgebung.

Für Fische aus dem Tierhandel gibt es eine Anleitung fürs Eingewöhnen und fürs Einleben und fürs Teil-des-Teiches-Werden. Für mich und meinesgleichen gab es diese Anleitung nicht. Mit uns ist nicht so behutsam umgegangen worden. Wir sind ganz ohne Vorbereitung in den kalten Teich ausgesetzt worden. Viele von uns haben es ganz gut geschafft, sich im Wasser zu halten, viele von uns haben die fremde Umgebung zu ihrer gemacht, manche aber fühlen sich noch immer wie Fische im fremden Gewässer. Viele von uns wollten wie die anderen Fische sein, hierhin und dorthin schwimmen, ohne Angst. Wir waren immer mit allen Sinnen unterwegs, angespannt, haben stets gecheckt, was um uns war.

Was ich nicht gewusst habe: dass nicht nur wir fremdelten, wir, die aus fremden Gewässern ausgesetzten Fische. Später erst, als ich lernte, frei und sicher zu schwimmen in dem Teich, da nahm ich wahr, dass es anderen Fischen im Teich ähnlich erging wie mir, dass viele der heimischen Fische sich auch nicht sicher fühlten. Mal lag es daran, dass andere Fische sie daran hinderten, mal an mangelndem Mut, mal an Unsicherheit, weil auch sie nicht gut vorbereitet worden waren auf das Leben im Teich, weil auch sie sich nicht auskannten mit den unsichtbaren Regeln, die dort herrschten.

Wir wollten, dass sich alle Fische – die einheimischen und die aus fremden Gewässern – frei bewegen können im Teich, dass sie sich kennenlernen, sich anfreunden. Und wenn sie schon keine Freunde werden würden, dann sollten sie wenigstens keine Feinde werden, einander nicht nach dem Leben trachten. Also haben wir geschrieben und gesprochen, gestritten und debattiert, verhandelt und ausgehandelt, viele

Stunden damit verbracht, den großen Fischen die Augen für die anderen zu öffnen. Manche der großen Fische haben uns gesehen und uns verstanden, weil sie uns sehen und verstehen wollten. Andere nicht, weil ihre Sinne sich nie entfaltet hatten oder verkümmert waren, weil es ihnen an dem mangelte, was es braucht, um zu sehen und zu hören, um zu lieben und nicht zu hassen. Liebe.

Es war ermüdend, immer wieder zu erklären, wie es so ist, wenn Fische unvorbereitet in fremde Teiche ausgesetzt werden, und wie es so ist, sich nicht frei im Teich bewegen zu können; wir haben darüber nachgedacht, was es braucht, damit neue Fische überleben in fremden Teichen, was es braucht, damit die heimischen Fische den neuen Fischen das Leben nicht erschweren, damit die neuen Fische keine fremden Fische bleiben oder zwischen den heimischen Fischen untergehen.

Ist es das, was mich manchmal daran hindert, euch, die Nachkommen der fremden Fische, zu verstehen? Ist es das, was mich an euren Forderungen stört? Ist es mein Neid auf eure Generation, dass ihr so laut und unverschämt auftreten könnt und wir uns viel mehr anstrengen mussten? Vielleicht liegt es auch an der Sprache. Ich komme da nicht mehr mit. Weiß kleingeschrieben, Schwarz großgeschrieben. Privilegiert. Marginalisiert. Migrantisiert. Rassifiziert. Black and People of Color. Ich, die ich nach Wörtern suche, um daraus Brücken zu bauen, zwischen »wir« und »ihr«, zwischen »uns« und »euch«, sehe euch auf diesen Brücken zanken.

Fundamentale Systemkritik. Rassismus, wo ihr auch hinschaut. Alles soll sich ändern. Jetzt sofort. Nazis sollen verschwinden, Rechtsextreme sollen verschwinden. Die Türen und Tore zu den Institutionen sollen sich öffnen. Niemand soll benachteiligt, keiner bevorzugt werden. Keine Mehrheit, keine Minderheit. Keine Privilegierten, keine Marginalisierten. Alles wichtig. Alles richtig.

Gesellschaften können sich verändern und verändern sich. Das zeigt auch die Sprache. Vor allem aber die Geschichte. Und es hat sich schon vieles verändert in diesem Teich. Die Veränderungen sind in stetiger Arbeit vorbereitet worden. Wir wollten Menschen überzeugen. Ohne Groll. Ohne Verachtung. Radikal gegen Rassismus und Ausgrenzung, aber doch nicht mit so einer Radikalität.

Vom Weggehen und Ankommen

»Man hat Arbeitskräfte gerufen, und es kommen Menschen«: Wie oft habe auch ich mich auf dieses Zitat von Max Frisch bezogen, wenn ich über die Arbeitsmigration nach Deutschland gesprochen oder geschrieben habe. Um das Vielfache, als ich selbst es verwendet habe, habe ich es gehört. Er stammt aus dem Vorwort zum 1965 erschienenen Sammelband *Siamo Italiani*, darin enthalten sind Gespräche mit italienischen Arbeitern in der Schweiz.[1] Vollständig lautet die Passage so: »Ein kleines Herrenvolk sieht sich in Gefahr: man hat Arbeitskräfte gerufen, und es kommen Menschen. Sie fressen den Wohlstand nicht auf, im Gegenteil, sie sind für den Wohlstand unerlässlich. Aber sie sind da. Gastarbeiter oder Fremdarbeiter? Ich bin fürs Letztere: sie sind keine Gäste, die man bedient, um an ihnen zu verdienen; sie arbeiten, und zwar in der Fremde, weil sie in ihrem eigenen Land zurzeit auf keinen grünen Zweig kommen.«[2]

Selten wurde und wird der Schriftsteller korrekt und vollständig zitiert, meistens darauf zurückgegriffen, um die offizielle Migrationspolitik der Bundesrepublik zu kritisieren. Dass Max Frisch sich auf die Schweiz bezog, wissen wohl nur die wenigsten. So konnte der Schweizer Autor sich für »Fremdarbeiter« aussprechen. In Deutschland wäre dieser Begriff aber nicht möglich gewesen, denn er ist »kontaminiert«, er ist das Synonym für Zwangsarbeiter. Mehr als 20 Millionen Menschen wurden gezwungen, für das nationalsozialistische Deutschland zu arbeiten. Mit der Formulierung Fremdarbeiter wurde der Zwang als Grundlage des Arbeitsverhältnisses verschleiert.[3]

Spätestens als ich *Almanya* sah, den Film der Schwestern Yasemin und Nesrin Şamdereli aus dem Jahr 2011, dämmerte mir die Schieflage im Narrativ der Arbeitsmigration. Der bemitleidende Rückblick auf die Geschichte der Gastarbeiter, die ja auch meine Geschichte ist, begann mich zu stören. Anlässlich des Anwerbeabkommens mit der Türkei, das sich im Oktober 2021 zum sechzigsten Mal jährt, habe ich wieder viel gelesen und etliche Berichte entdeckt. Rührende, berührende, aus persönlicher Perspektive erzählte Geschichten. Auf dem Online-Magazin Renk stieß ich auf den Text des Musikproduzenten Alp Geray über seine Eltern, die 1970 aus der Türkei als Gastarbeiter nach Deutschland kamen. Geray zitiert seinen Vater so: »Es ist gut, wenn man die Sprache spricht und seine Geschichten erzählen kann. Unsere Generation kann kein Deutsch – leider. Deutschland wollte nicht, dass wir Deutsch lernen. Und wir haben nicht erkannt, wie wichtig Sprache ist. Wir kamen stumm und werden stumm gehen.«[4]

Ja, ganz viele der Gastarbeiter waren stumm und sind stumm geblieben. Sie mussten sich im Herkunftsland einem demütigenden Gesundheitscheck unterziehen, mussten sich halb nackt von deutschem medizinischen Personal in den Mund schauen lassen, bevor sie das Ticket fürs »gelobte Land« erhielten. Sie lebten in Baracken und arbeiteten hart, oft unter Gefahren für die eigene Gesundheit. Es waren wahrlich keine guten Bedingungen, die Deutschland den Menschen bot. Es gab keine gezielten Angebote, keine Deutsch-Kurse für Gastarbeiter. Aber Deutschland hielt niemanden davon ab, die Sprache zu lernen. Wer die Sprache lernen wollte, musste sich selbst darum kümmern. Viele hielten es jedoch nicht für erforderlich: weil man sowieso in die Heimat zurückkehren wollte.

Rückblickend wird vieles verzerrt – ins Gute und ins Schlechte. Es gibt eigentlich nicht »die« eine Geschichte der Gastarbeiter, es gibt Daten und Fakten, aber jede Familie hat ihre eigene Erzählung. Wenn ich persönlich zurückblicke, dann stelle ich fest: Es war nicht alles schlecht. Diesen Eindruck kann man aber bekommen, wenn man die Geschichten derer liest oder hört, die nach Schuldigen suchen.

Es gibt ein UND. Schlechtes UND Gutes. Ebendieses UND war es, das mir und vielen anderen Kindern von Arbeitsmigranten Möglichkeiten zur Entfaltung bot. Darauf möchte ich mein Augenmerk legen. Es ist auch so: Mir behagt es nicht, all die Menschen, die mit vielen Hoffnungen und Wünschen und mit gerade mal einem Koffer hier ankamen, zu Opfern und Objekten zu reduzieren. Sie waren mutige Menschen, die aus der Not heraus das Vertraute verließen, Familien und Kinder zurückließen, in der Hoffnung, nach ein paar Jahren der Entsagung in der Fremde ein besseres Leben daheim führen zu können.

Dennoch: Bestandteil der offiziellen Geschichtserzählung ist dieses Kapitel deutscher Geschichte immer noch nicht – deswegen auch wenig bekannt, warum wir hier sind. Wir – das sind unsere Großeltern und Eltern, die Kinder der Gastarbeiter und ihre Enkel. Und das, obwohl die Anwerbeabkommen und all das, was danach folgte, unmittelbare Auswirkungen auf die politischen und gesellschaftlichen Prozesse haben. Man muss nicht lange nach dem Grund dafür suchen, warum es Älteren und Jüngeren am Grundwissen mangelt: Regulärer Bestandteil des Schulunterrichts war die Migration ab Mitte der 1950er Jahre nicht wirklich. Ebenso wenig die Geschichte der Vertragsarbeiter in der DDR und auch nicht die Migration als Bestandteil der Weltgeschichte, die Kolonialgeschichte und auch nicht die nationalsozialistische Osteuropa-Politik, die informelle Kolonialisierung.

Was Bildungspolitiker bislang daran hinderte, diese wichtigen Themen nicht außen vor zu lassen? Ein paar Antworten gibt eine im Frühjahr 2021 veröffentlichte Studie des Mercator Forums Migration und Demokratie, die im Auftrag der Beauftragten der Bundesregierung für Migration, Flüchtlinge und Integration verfasst wurde.[5] So wird unter anderem festgestellt, dass »in die Aus- und Überarbeitung von Lehrplänen […] wissenschaftliche Expertise selten fest eingebunden [ist]« und neuere (diversitätssensible) Konzepte zum Umgang mit Vielfalt kaum berücksichtigt werden. Empfohlen wird, dass »mehr Lehrkräfte und Fachdidaktikerinnen und -didaktiker mit Migrationsgeschichte bei der Überarbeitung von Lehrplänen mitwirken«.[6]

Gerade im Zusammenhang mit den aktuellen Debatten um Identitätspolitik und Rassismus zeigt sich, wie wichtig und erforderlich das Wissen über Migration allgemein sowie die Anwerbeabkommen und die damit verbundenen Entwicklungen sind. Immerhin: Erste Ansätze, die Lehrpläne anzupassen, gibt es bereits. Da die Mühlen der deutschen Bürokratie bekanntlich langsam mahlen, wird es wahrscheinlich dauern, bis sich Erkenntnisse aus der Bildungsforschung in Schulbüchern widerspiegeln.

Holen wir hier im Schnellkurs nach, was in der Schule nicht oder zu wenig vermittelt wird: Deutschland erholt sich nach dem Zweiten Weltkrieg mit der Wirtschaftshilfe aus den USA schnell, und ab den 1950er Jahren boomt die Wirtschaft. Es mangelt aber im ganzen Land an Arbeitskräften – in der Landwirtschaft genauso wie in Fabriken und im Berg- wie auch im Straßenbau. Da kommt es der Bundesregierung sehr gelegen, dass Italien die Initiative ergreift und den Vorschlag für eine Vereinbarung macht: die Entsendung von Arbeitskräften nach Deutschland. Am 20. Dezember 1955 unterzeichnen Bundesarbeitsminister Anton Storch und der italienische Außenminister Gaetano Martino in Rom das deutsch-italienische Anwerbeabkommen. Dieser Vertrag wird zum Vorbild für weitere bilaterale Vereinbarungen – 1960 mit Spanien und Griechenland, 1961 mit der Türkei, 1963 mit Marokko. Bis 1968 werden weitere Verträge abgeschlossen – mit Südkorea, Tunesien, Portugal und Jugoslawien.

Dass die Initiativen für die Anwerbeabkommen nicht von der Bundesrepublik, sondern von den Ländern ausgingen, die nicht nur den eigenen Arbeitsmarkt entlasten wollten, sondern sich auch Devisen erhofften: Das wird in den Debatten über die Geschichte der Gastarbeiter häufig ausgeblendet. Wie auch der Umstand, dass sich die Menschen freiwillig meldeten und auf den Weg machten. Die Verträge mit den türkischen Arbeitskräften waren anfangs befristet, es gab das sogenannte Rotationsprinzip. Allerdings bewährte es sich nicht – immer wieder neues Personal einzuarbeiten erwies sich für die Arbeitgeber als uneffektiv.

Das Anwerbeabkommen zwischen der Bundesrepublik und der Türkei wurde am 30. Oktober 1961 in Bad Godesberg unterzeichnet. Der offizielle Name des Dokuments lautet »Regelung der Vermittlung türkischer Arbeitnehmer nach der Bundesrepublik Deutschland«[7]. Deutschland hatte davor mit Italien, Spanien und Griechenland ähnliche Verträge abgeschlossen, und auch nach der Vereinbarung mit der Türkei folgten Abkommen mit weiteren Staaten. Von 1955 bis zum Anwerbestopp am 23. November 1973 kamen rund 14 Millionen ausländische Arbeitskräfte nach Deutschland, rund elf Millionen kehrten zurück in ihre Herkunftsländer. Die Geschichte der Anwerbeabkommen und der Arbeitsmigration ist inzwischen gut aufgearbeitet und dokumentiert, unter anderem auch von DOMiD, dem Dokumentationszentrum und Museum über die Migration in Deutschland, das 1990 von Migranten gegründet wurde.

Es gab Versäumnisse der deutschen Politik, es gab schlechte Arbeitsbedingungen und Ausbeutung, es gab miserable Wohnbedingungen. Die Not der Gastarbeiter nutzten Vermieter aus – und Arbeitgeber die Unkenntnis dieser Menschen, was ihre Rechte betraf. Öffentlich machte die ausbeuterischen Arbeitsverhältnisse von türkischen Gastarbeitern Günter Wallraff 1985 in *Ganz unten*. Für dieses Buch recherchierte der Journalist heimlich, er verkleidete sich und arbeitete unter falscher Identität als Ali – unter anderem in einem Fast-Food-Restaurant, Reitstall und auf einer Baustelle.

Ohne all die Missstände zu ignorieren, möchte ich trotzdem auf einen Umstand aufmerksam machen, der häufig unter den Tisch fällt, wenn von Gastarbeitern die Rede ist: die Versäumnisse der Politik in den jeweiligen Herkunftsländern. Denn diese Staaten haben es nicht geschafft, angemessene Lebens- und Arbeitsbedingungen ihrer Bürger zu gewährleisten. Die türkische Regierung beispielsweise sah in dem Anwerbeabkommen nicht nur eine Möglichkeit, den heimischen Arbeitsmarkt zu entlasten und die »desolate Wirtschaftslage« nach dem Militärputsch im Mai 1960 zu beheben.[8] Die in Deutschland arbeitenden Türken waren vor allem willkommene Devisenbringer.

Die Anwerbeabkommen stellten eine Win-Win-Situation dar. Dass gerade Menschen aus der akademisch gebildeten dritten Generation der Arbeitsmigranten, die es im deutschen Bildungssystem weit gebracht haben, mit aller Vehemenz die Versäumnisse der deutschen Politik anprangern, kann ich daher nur bedingt nachvollziehen. Wie schon erwähnt: Die Erzählungen von Großeltern und Eltern sind subjektive Wahrnehmungen und haben zweifelsohne ihre Berechtigung. Die Wut über Demütigungen soll und muss raus. Womit hängen die Kränkungen der Nachkommen der Arbeitsmigranten zusammen? Die Enkel der Gastarbeiter, von denen viele als ungelernte Arbeitskräfte für den Wohlstand in diesem Land sorgten, sind aufgestiegen – mit dem sozialen Aufstieg ging aber aus ihrer Sicht nicht die Anerkennung einher. Wenn das Selbstwertgefühl so sehr von anderen bestimmt wird, wird es ungemütlich in der eigenen Haut. Für das starke Bedürfnis nach Anerkennung von außen und den Mangel an positivem Selbstwertgefühl muss es noch andere Ursachen geben. Denke ich.

Wenn ich in mich hineinhorche und dabei feststelle, dass solche Gefühle bei mir nicht so prägnant waren, frage ich mich, warum das so war und ist. Kann es damit zusammenhängen, dass ich kein »klassisches« Gastarbeiterkind war, sondern die Tochter eines Lehrers? (Wenn auch eines Lehrers, der im Heimatland so wenig verdiente, dass er eine fünfköpfige Familie kaum ernähren konnte.) Damit, dass ich hier mit einem anderen Klassenbewusstsein aufwuchs und mich von den Abweisungen und Ablehnungen nicht so aus dem Lot bringen ließ?

Am Tag der Arbeit tweetete ein Antirassismus-Aktivist Folgendes: »Meine Mutter hat in #Deutschland jahrzehntelang als Reinigungskraft geschuftet, mein Vater am Band. Sie und Millionen von anderen Arbeiter*innen haben schlechte Arbeitsbedingungen, fehlende Anerkennung & aktive Demütigungen erlebt. It's time for a change and reparations.« – »Die Kinder und Kindeskinder der Arbeiter*innen (insbesondere jene, die Deutschland als ›Gäste‹ ausgebeutet hat) haben echte Bildungs- und Aufstiegschancen, Respekt und Anerkennung verdient. Rückt die Gleichberechtigung rüber, oder wir nehmen sie uns.«[9] Seine Mutter habe als Putzfrau bei einem »einflussreichen Manager« im Taunus gearbeitet und regelmäßig die Unterhosen samt Bremsspuren waschen müssen. Und sein Vater in einer Fabrik, in dem er von seinem Vorarbeiter regelmäßig beleidigt worden sei. »Mein Vater war bis zu seinem Tod davon überzeugt, wir müssten solche Beleidigungen in den weißen Gastländern aushalten, um keine Probleme mit den Meistern zu bekommen«, so ein weiterer Tweet vom selben Tag. Dass der Vater so behandelt wurde, ist schlimm und stimmt mich traurig. Wie auch dessen Annahme, dass er sich alles gefallen lassen muss. Unbehagen bereiten mir diese aus subjektiver Perspektive formulierten Tweets aus einem anderen Grund. Seine Eltern sind nicht nach Deutschland deportiert und nicht gezwungen worden, hier zu arbeiten. Sie kamen in der Hoffnung auf ein besseres Leben. Daher empfinde ich Forderungen nach Wiedergutmachung inadäquat.

Grundsätzlich habe ich ein Problem damit, wenn Meinungsbilder das Opfer-Sein zelebrieren und damit vor allem bei jungen Menschen mit Migrationsbezug Opfer-Narrative bestärken. Das erachte ich nicht als ein konstruktives Engagement gegen Rassismus. Im Gegenteil: Es verfestigt das Täter-Opfer-Schema.

Die Ausbeutung der Großeltern und Eltern wird immer wieder mal von Nachkommen der Gastarbeitergeneration beklagt. Die »miserablen Arbeits- und Lebensbedingungen«, die fehlende Anerkennung für all das, was Gastarbeiter geleistet haben, und die mangelnden Bildungschancen diagnostizieren sie selbst für ihre Wut auf Deutschland. Die einen Herkunftsdeutschen pflichten ihnen bei, die anderen sind inzwischen ziemlich genervt über das Schimpfen auf Deutschland.

Machen wir uns nichts vor: Es waren die wirtschaftliche Situation und der Mangel, die die Menschen dazu brachten, sich von all dem Vertrauten zu verabschieden, die Heimat zu verlassen und sich auf den Weg nach Deutschland zu machen. Nur Abenteurer verlassen ihre Heimat freiwillig. Die allermeisten Menschen machen das aus Not.

Was auch ausgeblendet wird in den Debatten über Arbeitsmigration: die Frage, wie denn das Leben der Eltern und Großeltern in den Herkunftsländern ausgesehen hätte. Wer sich auch nur ein bisschen auskennt in den Anwerbeländern, weiß, dass bildungsferne, oftmals sogar des Lesens und Schreibens unkundige Menschen in ihrer Heimat nicht weniger Demütigungen erlitten und dort nicht wirklich ein besseres Leben gehabt hätten. Ausgrenzung, Ablehnung und Diskriminierung hat auch ganz viel mit sozialer Schicht zu tun.

Ohne zu ignorieren, dass vieles nicht gut gelaufen ist: In Deutschland haben Kinder und Enkelkinder der Gastarbeiter weitaus mehr Chancen bekommen, als sie in den Herkunftsländern gehabt hätten. Und genau das war ja (mit) ein Grund der Eltern und Großeltern, die Heimat zu verlassen: um ihren Kindern und Enkelkindern einmal ein besseres Leben zu ermöglichen. Wenn sich gerade die Nachkommen der Gastarbeitergeneration, die sich etabliert haben, wütend zu Wort melden, dann frage ich mich: Was genau ist euer Problem? Statt aus einer vermeintlichen Opferposition heraus Vorwürfe zu formulieren, wünsche ich mir konstruktive und realisierbare Vorschläge.

Mir kommt auch noch etwas anderes in den Sinn, wenn ich mir das Auftreten der Antirassismus-Akteure vergegenwärtige: Sie tun so, als wären sie die Ersten, die aufbegehren, und alle vor ihnen hätten sich nur geduckt. Dass vor ihnen viele andere sich über Jahrzehnte hinweg für die Gleichberechtigung von Menschen aller Couleur und gegen Rassismus engagiert haben, kommt zu wenig zur Sprache. Doch dass sich Nachkommen der Arbeitsmigranten als Antirassismus-Akteure zu Wort melden können, dass ihnen Foren geboten werden und sie sich selbst organisieren können: Dafür haben viele aus den Generationen vor ihnen die Grundlage geschaffen.

Diese Gruppe der Migranten aus der zweiten und dritten Generation ordnet der Soziologe Franz Walter, der Sinus-Milieu-Studie entsprechend, in das »hedonistisch-subkulturelle Milieu« ein und bezeichnet sie als »Spielverderber«. Die Vertreter dieses Jugendmilieus sind ausnahmslos in Deutschland geboren und aufgewachsen, und obwohl sie ausreichend gut ausgebildet sind, »stilisieren sie sich selbst vielleicht auch wegen enttäuschter Erwartungen und versperrter Zugangswege als benachteiligt und gehen auf Distanz zur Aufnahmegesellschaft. Sie reagieren rebellisch, unangepasst, trotzig, schlüpfen extrovertiert in die Rolle des Underdogs und gehen mitunter damit kokettierend in eine Protest- oder Gegenkultur.«[10]

Wenn diese »Spielverderber« meinen, endlich werde in Deutschland über Rassismus gesprochen, dann ist das eben nur ein Teil der Wahrheit. Sei es in Gewerkschaften, sei es in Wohlfahrtsverbänden, sei es in Migranten-Selbstorganisationen, Elternvereinen, Sportvereinen, Kommunal-Ausländerbeiräten, auch Moscheevereinen und Kirchengemeinden: Überall engagieren sich seit den Anfängen der Gastarbeiteranwerbung Deutsche und Migranten für bessere Bedingungen des Zusammenlebens, Gleichberechtigung und Chancengleichheit aller hier lebenden Menschen.

Einen Rahmen für Begegnungen und den Austausch von Einheimischen und Migranten schuf beispielsweise 1975 die als »Woche der ausländischen Mitbürger« entstandene Initiative, die inzwischen als Interkulturelle Woche (IKW) in mehr als fünfhundert Städten und Gemeinden mit mehr als fünftausend Veranstaltungen jährlich stattfindet. Der Soziologe Özkan Ezli hat über die IKW für den Sachverständigenrat für Integration und Migration ein Gutachten erstellt; darin hebt er hervor, dass gerade in der IKW der »Wert von niedrigschwelligen Formen der Verhandlung von Kultur« deutlich werde. Denn über solche Formate ließen sich »nicht selten potenziell konfliktträchtige Aushandlungsprozesse in Bezug auf Integration sozial verflüssigen und auflösen«.[11] Zentral für solche niedrigschwelligen Formen kultureller Sinnproduktion sei eine Politik der Geselligkeit.

Der gelassenere Blick auf Deutschland als plurale Gesellschaft, das Akzeptieren von Vielfalt und ein entspanntes Verhältnis zum vermeintlich Fremden: Das lässt sich nicht in die Köpfe der Menschen einprügeln. Das Wissen gilt es zu vermitteln und vor allem auch zu leben und zu erfahren.

Was können wir aus der Geschichte lernen, aus Fehlern und Verfehlungen in der Vergangenheit? Mich beschäftigt diese Frage sehr. Mit Gram zurückzublicken hilft uns meiner Ansicht nach nicht.

Wenn wir über »wir« und »ihr«, über Einheimische und Eingewanderte, über Ankommen und Sich-Eingliedern, wenn wir über Abweisungen und Ablehnungen diskutieren, über Privilegierte und Marginalisierte, dann wäre es hilfreich, wenn wir uns mehr als bisher und genauer mit Ressentiments beschäftigen würden.

Es ist ärgerlich, dass Jugendliche die Schule absolvieren, ohne dass sie etwas über ein wichtiges Kapitel deutscher Nachkriegsgeschichte erfahren, von dessen Auswirkungen sie auf die eine oder andere Weise unmittelbar betroffen sind. Bei Abfragen in meinen Seminaren an der Hochschule Darmstadt stellt sich heraus, dass die jungen Menschen nur vereinzelt wissen, was es mit den sogenannten Anwerbeabkommen auf sich hat. Unter den Studentinnen und Studenten, die den Begriff noch nie gehört haben, sind erstaunlicherweise auch Enkel der Gastarbeitergeneration. Ich erlebe es immer wieder, dass sie zwar wissen, woher ihre Eltern und Großeltern stammen, nicht aber, wie und warum jene nach Deutschland kamen. Ich kann nur mutmaßen, warum es an diesem Wissen mangelt. Es mag damit zu tun haben, dass die Großeltern ungern an die schmerzliche Zeit des Aufbruchs und Ankommens denken und sich daran gar nicht erinnern möchten. So wie meine Eltern. Vielleicht aber auch, weil die Enkel gar nicht auf die Idee kommen zu fragen. Ich ermuntere meine Studentinnen und Studenten zum Austausch mit den Eltern und Großeltern. Woher man kommt, ist eben nicht egal.

Was an hiesigen Schulen versäumt wird, lässt sich natürlich nicht in ein paar Lehrveranstaltungen nachholen. Ich bemühe mich, dieses Wissen zu vermitteln und vor allem auch erfahrbar zu machen – unter anderem über Aufgaben, die ich der Oral-History-Methode entnommen habe. Meine Studentinnen und Studenten ermuntere ich, sich ins Gespräch zu begeben mit ihren Vätern und Müttern, mit Tanten und Onkeln, mit den Großeltern. Im nächsten Schritt geht es darum, die Erzählungen mit Daten aus der Geschichte abzugleichen, die Geschichten der Eltern und Großeltern in das große Ganze einzubetten und zur Selbstreflexion zu ermuntern, die Studentinnen und Studenten anhand eines Gesprächsleitfadens untereinander ins Gespräch zu bringen und nur dann korrigierend zu intervenieren, wenn sachliche und unsachliche Informationen durcheinandergeraten. Das ist auch eine Art von Antirassismus-Arbeit. Denke ich.

Kapitel 3: Märchenstadt Hanau

An einem der letzten Juli-Tage gehe ich mit dem Hund im Park von Schloss Philippsruhe spazieren. Oskar ist an der langen Leine, schnüffelt hier und da herum. Der Hund ist zufrieden, im Gegensatz zu mir. Ich befinde mich in einem Gedankenkarussell. Vor allem geht mir das Gespräch vom Vorabend durch den Kopf. Ich saß mit Stiefsohn Bastian auf der Terrasse und diskutierte mit ihm über Aktivismus. Aus dem kleinen Jungen, mit dem ich schon bei Wanderungen auf Mallorca oder in Cinque Terre intensive Gespräche führte – damals ging es um Nudelaufläufe, Gesteine und die Frage, ob er zwei Mädchen gleichzeitig lieben könne –, ist der Absolvent eines Psychologie-Studiums geworden, der über soziale Identität geforscht hat. Das muss er gut gemacht haben. Denn ab Herbst 2021 wird er über soziale Identität und Gruppenkonflikte weiterforschen – mit einem Stipendium an der Stanford University in Kalifornien. Bastian und ich sprachen darüber, was genau Aktivisten antreibt. Wir waren uns einig: Das Ziel ist eine bessere Gesellschaft. »Ohne Grund keine Aktivisten«, sagt Bastian. Uneinig waren wir uns in der Frage, ob die harten Fronten immer real sind oder konstruiert werden.

Während des Spaziergangs im Park von Schloss Philippsruhe frage ich mich, ob ich mich auf eine falsche Fährte begeben habe beim Nachdenken über das Attentat in Hanau. Ob ich nicht völlig danebenliege mit meiner Sicht der Dinge über die Abläufe am Abend und in der Nacht des 19. Februar

2020 sowie die Tage, Wochen und Monate danach. Ob ich zu kritisch bin mit den Aktionen der Aktivisten. Zumal sich Berichte über Polizisten mit rechter Gesinnung, über Rassismus und Fehlverhalten bei den Sicherheitsbehörden, bei Entscheidungsträgern im Polizeiapparat und in der Politik häufen. Und was mache ich, während Medien über Chats von Polizisten mit rechtsextremen Inhalten berichten und über rassistische Beamte? Ich positioniere mich gegen Antirassismus-Aktivisten.

Sie ist vollkommen irre geworden, werden die einen denken. Und die anderen? Vielleicht werden sie verstehen, worum es mir geht: dass Angehörige von Opfern rassistischer Attentate unbedingt mehr Gehör verdienen, dass sie aber auch Schutz vor medialer Instrumentalisierung brauchen. Dass Verantwortliche in Politik und Justiz noch sehr viel zu lernen haben und Konsequenzen aus ihrem Fehlverhalten ziehen müssen. Dass Journalisten aus Betroffenheit heraus nicht unkritisch berichten und dass Aktivisten nicht über das Ziel hinausschießen sollten.

Beim Verlassen des Parks, gleich links vom Tor, fällt mir ein großes Plakat auf. Huch, denke ich. Jetzt schon Wahlwerbung? Erst beim genauen Hinschauen stelle ich fest, dass es sich um ein Plakat der Stadt Hanau handelt. Darauf wirbt eine junge Frau fürs Impfen: »Dein Pflaster – damit unsere Kinder wieder gemeinsam an den Schulen lernen können.« Ihr Blick ist auf mich gerichtet. Sie sieht mich freundlich an, mit einem natürlichen Lächeln. Der Gesichtsausdruck der jungen Frau mit dunklem Teint und langen dunklen Haaren strahlt Zuversicht aus. Ich bleibe stehen und lese das Kleingedruckte: »Saida Hashemi ist Stadtverordnete, Lehramtsreferendarin und die Schwester von Said Nesar Hashemi.« Ich bekomme Gänsehaut. Said Nesar Hashemi war eines der Opfer von Hanau. Mein Gedankenkarussell stoppt. Ich nehme Oskar an die kurze Leine, gehe über die Straße und in Richtung Zuhause.

Nach dem Attentat

Der Morgen des 20. Februar 2020 fängt gemütlich an. Ein Tag, an dem ich nicht früh aufstehen muss. Ich sitze im Bett, trinke Kaffee und lese die Zeitung. Gegen 8:30 Uhr ruft meine Freundin Katja an. Ihr erster Satz ist eine Frage: »Was ist denn da los bei euch in Hanau?«

Ich frage zurück: »Was soll denn los sein?«

Katja bringt mich auf den aktuellen Stand: Es habe in Hanau an zwei Tatorten Schießereien mit mehreren Toten gegeben. Einer der Tatorte: die Arena Bar in Kesselstadt-West. Eine Bar, wie man es sich ob des Namens vorstellt, ist es nicht, sondern ein »Chillort« von Jugendlichen aus dem Viertel mit einem angrenzenden Kiosk.

Das Lokal befindet sich gerade mal 700 Meter von meinem Zuhause entfernt. Ich kenne es, weil ich im Supermarkt gegenüber regelmäßig einkaufe.

»Ach«, sage ich zu Katja, »wahrscheinlich haben Leute aus dem Milieu wegen irgendwelcher Drogengeschäfte aufeinander geschossen.« Ich war zwar noch nie Gast der Arena Bar, aber mir war zu Ohren gekommen, dass dort auch Drogen vertickt werden. Also kombinierte ich mein kolportiertes Halbwissen mit dem, was ich am Morgen am Telefon erfahre. Der Gedanke an ein rechtsextremes Attentat, an Morde aus rassistischen Motiven ist mir total fern. Wie denn auch? Ich lebe in der »Märchenstadt«, dem Geburtsort der Gebrüder Grimm. So etwas passiert doch nicht hier bei uns, denke ich, derweil Katja spricht. »Nee, nee«, höre ich sie sagen, »das scheint nach den ersten Nachrichten nicht der Fall zu sein.«

Gleich nach dem Telefonat mit meiner Freundin stehe ich auf, ziehe mich schnell an und mache mich auf den Weg zum Tatort am Kurt-Schumacher-Platz. Ich möchte mir ein eigenes Bild von dem machen, was ich gehört habe. Der Tatort ist weiträumig abgesperrt, es sind viele Polizeibeamte da und auch Fahrzeuge vom Rettungsdienst. Wie sehr ich mich geirrt habe mit meiner Mutmaßung zum Hintergrund der Schießerei, erfahre ich im Laufe des Morgens. Für meine schlechten Gedanken schäme ich mich heute noch.

Kesselstadt-West kenne ich gut, also gehe ich den Fußweg um das Hochhaus, in dessen Erdgeschoss sich die Arena Bar befindet. Von hinten nähere ich mich dem Tatort, sehe dort eine Gruppe von Menschen mit verzweifelten, versteinerten Gesichtern. Sie warten schweigend an einer Unterführung zum Platz. Später erst werde ich erfahren, dass es Familienangehörige von Mercedes Kierpacz waren. Die 35-jährige zweifache Mutter ist in der Arena Bar von Tobias R. erschossen worden, als sie Pizza für ihre Kinder holen wollte.

Der Täter war psychisch krank, ließ sich von Verschwörungsmythen leiten und ermordete aus von rechtsextremer und völkischer Ideologie gespeistem Hass neun Menschen: Gökhan Gültekin, Sedat Gürbüz, Said Nesar Hashemi, Mercedes Kierpacz, Hamza Kurtović, Vili-Viorel Păun, Fatih Saraçoğlu, Ferhat Unvar, Kaloyan Velkov.

Kurz nach dem Attentat gründeten Antirassismus-Akteure die Initiative 19. Februar. Sie setzten sich das Ziel, für eine lückenlose Aufklärung zu sorgen – über die Tat und über all das, was danach passierte beziehungsweise nicht passierte. Der Grundtenor, den ich aus den Statements der Initiative 19. Februar und der Opferangehörigen entnehme: Tobias R. mordete aus rassistischen Motiven, und die Einsatz- und Rettungskräfte, die Behörden sowie der hessische Innenminister vertuschten Vorgänge aus ebensolchen Motiven. Nachvollziehbar, wenn man sich das Versagen der Behörden bei den Ermittlungen zu der NSU-Mordserie vergegenwärtigt. Trotzdem bereitet mir solch ein Generalverdacht Unbehagen, wie auch grundsätzlich das Schema »Wir sind die Guten, die anderen sind die Schlechten, die Feinde, die Bösen«.

Über die Opfer ist seit dem 19. Februar 2020 viel geschrieben und gesprochen worden. In der Berichterstattung sind vor allem Angehörige und Betroffene aus dem Umfeld der Toten zu Wort gekommen. Die Initiative 19. Februar wirkte darauf ein, dass, anders als bei den NSU-Morden und anderen rechtsextremistisch motivierten Anschlägen, nunmehr die Perspektive der Opferangehörigen im Mittelpunkt steht. Nur am ersten Tag vergriffen sich einige Medien im Tenor, wie etwa *Focus Online* und *welt.de*. In einer der ersten Meldungen über das Massaker war mit »Shishamorde« getitelt worden, nach Protesten aus den sozialen Medien wurden die Titel geändert.[1]

Auch ich berichtete über das Hanauer Attentat und die Geschehnisse in den ersten Tagen danach. Gleich am Donnerstagmorgen kontaktierte ich noch vom Tatort aus die Redaktionen, für die ich damals als freiberufliche Journalistin arbeitete. In den folgenden Tagen war ich für unterschiedliche Medien als Reporterin unterwegs und schrieb über das, was in meiner Stadt passierte, was ich sah, hörte und beobachtete. Die Aktionen im öffentlichen Raum kommentierte ich als teilnehmende Beobachterin, nicht als Betroffene.

Meine Beobachtungen wichen allerdings vom medial vermittelten Bild des Zusammenhalts ab. In den Beiträgen wurde zu sehr der Eindruck erweckt, als hätten alle Angehörigen der Opfer und die Communitys, aus denen sie stammen, eine Gemeinschaft gebildet. Das war schon am Anfang nicht der Fall, und jetzt ist es das erst recht nicht mehr. Auf *ZEIT ONLINE* beispielsweise schrieb der aus der Türkei exilierte Journalist Can Dündar fünf Tage nach dem Attentat in völliger Unkenntnis der Lage vor Ort: »Ob Türke oder Kurde, ob hier geboren oder neu gekommen, in einem fernen Land spürten wir die Gemeinsamkeit, einem von Rassisten gehassten, ausgegrenzten, nicht gewollten ›Stamm‹ anzugehören. [...] Kurz, was der Mörder mit seinem Blutvergießen zu verhindern suchte, geschah gerade deshalb: Die Menschen aus der Türkei fanden – gegen den Rassismus – zueinander und mit den Deutschen zusammen.«[2] Das war aber gar nicht so, wie sich auch anhand der Demonstrationen an den folgenden Tagen zeigte.

Die Gruppen, die Kundgebungen und Demonstrationen organisierten, waren sich keineswegs einig und blieben der jeweiligen Aktion anderer Gruppen zumeist fern. Denn die, die ihr Kind, ihren Bruder, ihre Mutter, ihren Freund, ihren Kumpel verloren hatten, verband zwar, dass der Täter sie alle als »Fremde« gesehen hatte, aber diese Menschen waren und sind auch heute keine homogene Gruppe: Es sind Sinti und Roma; Menschen, die sich der türkischen oder kurdischen Ethnie zugehörig fühlen; Menschen mit Bezug zu Bosnien, Afghanistan, Bulgarien und Polen.

Als vier Tage nach dem Anschlag eine Demonstration mit mehreren Tausend Teilnehmern stattfand, wurde ich Zeugin eines Ereignisses, das mich aus der Fassung brachte: Aus allen Teilen der Republik waren türkischstämmige Menschen nach Hanau angereist, teilweise in gecharterten Bussen, um gegen Rassismus und Fremdenfeindlichkeit, wie auf Schildern zu lesen war, zu protestieren. Es waren darunter viele Männer mit Bärten, wie sie strenggläubige Muslime tragen, und Frauen mit Kopftüchern und langen Mänteln. Die Teilnehmer riefen beim Marsch durch meine Stadt »*Allahu akbar*« (Gott ist groß) und »Nazis raus«, die Szenerie empfand ich als unheimlich und als bedrohlich. Auch weil sie sehr viele türkische Fahnen schwangen, darunter etliche mehrere Meter breite und lange Exemplare. Es handelte sich zweifellos um ein Aufgebot türkisch-nationalistisch-islamistischer Gruppen. Daran nahmen auch Hanauer Politiker, Menschen aus der Zivilgesellschaft und aus Kirchengemeinden teil – viele wohl in Unkenntnis darüber, wer sich hinter den offiziellen Organisatoren verbarg.

Über dieses Ereignis schrieb ich einen Kommentar, der in der *Frankfurter Rundschau* erschien. Um diesen Gastbeitrag war ich als ehemalige *FR*-Kollegin und Hanauerin gebeten worden. Ich stellte den Text honorarfrei zur Verfügung – dies aus Verbundenheit zu der Zeitung, bei der ich lange Jahre gearbeitet hatte. Ich erwähne das ausdrücklich, denn mir wurde unterstellt, dass ich für Geld meine Seele verkaufen würde.

Bis auf die Korrektur, dass nicht alle Anschlagsziele Shishabars waren, stehe ich auch heute zu den Zeilen, die am 27. Feburar 2020 veröffentlicht wurden.[3]

Dieser Terrorakt wird instrumentalisiert

Ich werde mir wohl wieder Feinde machen. Weil ich über das schreibe, was nach der rassistisch motivierten Tat von Tobias R. jenseits der echten Anteilnahme und der tiefen Betroffenheit auch stattfindet: doppelzüngiges Sprechen, Instrumentalisieren der Opfer und Konkurrieren um das Opfersein. Das ist ungeheuerlich, hässlich und sehr unanständig. Moralischer Tiefpunkt. Das gehört sich nicht! Deswegen gibt's das auch nicht.

In Anbetracht dieses Gewaltakts ist es in der Tat niederträchtig, was in den türkeistämmigen Communitys und in muslimischen Kreisen jenseits von tiefer Trauer, Anteilnahme und Angst auch existiert – so niederträchtig, dass mir all diejenigen nicht glauben, die keinen Zugang zu den jeweiligen Gruppen und keine Hintergrundinformationen haben.

Das doppelzüngige Reden, das Missbrauchen der Opfer für ideologische und politische Zwecke und das Konkurrieren um das Opfersein erfolgt nicht allein in der virtuellen Welt. All das passiert auch in der realen, in privaten Begegnungen und im offiziellen Rahmen im öffentlichen Raum – so auch auf den Demonstrationen am Wochenende in Hanau. Beispielsweise auf der Kundgebung am Sonntag, an der sich nach Polizeiangaben rund 10000 Menschen beteiligten.

Diese hohe Zahl sorgte bei mir nicht wirklich für Freude. Denn hinter dieser Demonstration steckt die türkische Regierung; mehrere Vertreter des türkischen Parlaments nahmen daran teil, darunter auch der Vorsitzende des Amts für »Auslandstürken«. Die türkischen Konsulate hatten per Rundmails »türkische« Verbände,

Vereine und Moscheegemeinden aufgefordert, am Sonntag zahlreich in Hanau zu erscheinen. Dem folgten viele – aus ganz Deutschland. Sie kamen, um ihre Anteilnahme auszudrücken, die meisten durchschauten wohl nicht, dass sie sich damit zu Statisten im Szenario der türkischen Nationalisten machten.

Es gab unter den Teilnehmern aber auch etliche, die sich bewusst für diese nationalistische Machtdemonstration entschieden, türkische Fahnen schwenkten und mit »Allahu akbar«-Rufen an dem Marsch durch die Hanauer Innenstadt teilnahmen. Wie gespalten die Communitys sind, zeigt sich auch daran, dass all diese Leute der Gedenkveranstaltung für die Opfer fernblieben, die tags zuvor Angehörige, ein lokales Bündnis von Antifa-Gruppen, Linken und kurdischen Organisationen veranstaltet hatten.

Es macht mich wütend und traurig zugleich, wenn ich dieser Tage Forderungen nach Zusammenhalt höre, gleichzeitig aber auch erlebe, dass das Eingeforderte untereinander nicht praktiziert wird, dass Nationalfahnen auf Gedenkfeiern für die Opfer des rassistischen Gewaltaktes geschwenkt werden und mit »Gott ist groß«-Rufen durch meine Stadt marschiert wird. Der Riss zwischen Wir und Ihr, der geht nicht nur zwischen Mehrheit und Minderheit, sondern auch zwischen den aus der Türkei stammenden Gruppen.

Dieser Terrorakt wird auch auf einer anderen Ebene instrumentalisiert – nämlich indem das Motiv des Täters auf antimuslimischen Rassismus zugespitzt wird. Über den Mann, der gezielt Menschen ermordete, die nicht seiner Vorstellung von »reinrassiger« deutscher Bevölkerung entsprachen, weiß auch ich nur das, was Medien berichteten: Tobias R. handelte nach bisherigen Erkenntnissen aus rechtsradikalen und rassistischen Motiven. Seinen rassistischen Hass begründete er mit persönlichen Erlebnissen, die ihn vom »schlechten Verhalten bestimmter Volksgruppen« überzeugt hätten. Er nennt in seinem Manifest Muslime als Feindbild, und er schreibt, dass der Islam keinen Beitrag zur Weiterentwicklung der »Völker« leiste und nur »destruktiv« sei. Der Gedanke eines homogenen Volkes beziehungsweise homogener Völker durchzieht den ganzen Text.

So abwertend R. über alles für ihn Nichtdeutsche urteilt, so sehr schwärmt er vom »deutschen Volk«. Die eigentlichen Opfer des Terrorakts seien Muslime, weil der Täter einen Hass auf Muslime gehabt habe. So etwas höre und lese ich derzeit viel.

Ich stutze. Denn der Täter wählte keine Moscheen, sondern Orte aus, in denen sich vermeintlich Fremde aufhalten: Shishabars. Das sind sogenannte Safe Spaces von jungen Menschen aus der postmigrantischen Szene, es sind keine Orte des Glaubens und des Gebets. Daher stellt sich mir die Frage: Hat er es wirklich gezielt auf Muslime abgesehen?

Die Sorge von Muslimen in diesem Land, Zielscheibe zu werden, ist berechtigt. Ich kenne diese Angst. Trotzdem: Unbehagen bereitet mir das Beharren darauf, dass es sich bei dieser rechtsterroristischen Tat um antimuslimischen Rassismus gehandelt habe. Diese Einordnung führt vor allem zu einem Ranking von Opfergruppen.

Fakt ist: Es sind neun Menschen aus zutiefst rassistischen Gründen niedergeschossen wurden. Neun Hanauer sind ermordet worden, weil sie nicht dem völkischen Ideal von Tobias R. entsprachen. Rassismus ist Rassismus und richtet sich gegen Menschen, die als fremd markiert werden. Wegen ihres Glaubens, wegen ihrer Hautfarbe, wegen ihrer Haarfarbe, wegen ihres Namens.

Es ist widerlich, wie dieser rechtsradikale Terrorakt ideologisch ausgeschlachtet wird. Das verhöhnt die Opfer!

Dieser Kommentar blieb nicht folgenlos. Ich erhielt zahlreiche Hassbotschaften und auch Drohungen. Für mich war das eine Zäsur. Ich beschloss, nicht mehr über das Attentat von Hanau und die Ereignisse danach zu berichten. Auch aus der Erkenntnis heraus, dass eine Berichterstattung, die nicht per se die Perspektive der Opferangehörigen im Blick hatte, kaum möglich und auch von vielen Redaktionen nicht erwünscht war.

Den Medienberichten und Gesprächen mit Journalistinnen und Journalisten, mit denen ich befreundet bin, konnte ich entnehmen, dass sie sich mit kritischen Nachfragen zurücknahmen und es heute noch tun. Angesichts »eines der schlimmsten Verbrechen, das in der Bundesrepublik Deutschland jemals verübt worden ist, das schlimmste in Hessen und eines der schlimmsten Kapitel von politischem Terrorismus, politisch motiviertem Terrorismus, rassistischem Terrorismus, die wir in unserem Land erleben müssen«[3] sich kritisch mit den Aussagen der Opferangehörigen zu befassen scheint Journalisten in ein Dilemma zu bringen. Manche nehmen sich aus Respekt vor den Angehörigen der Ermordeten zurück, andere aufgrund ihrer grundsätzlichen Haltung. Die kritische Distanz muss aber meines Erachtens nicht dem Empathisch-Sein widersprechen. Die Opferangehörigen zu Wort kommen lassen, das Gesagte überprüfen und die Rechercheergebnisse dem gegenüberstellen: Das ist meines Erachtens solider Journalismus.

Ich möchte nicht falsch verstanden werden: Dass die Menschen, die ihre Liebsten verloren haben, nach Antworten suchen und diese zuweilen in Verschwörungserzählungen finden, ist mehr als verständlich. Verständlich auch, dass sie all das, was sie als Verfehlungen und Versagen wahrnehmen, auf absichtliches Handeln oder nachlässiges Verhalten bei Behörden und Politik zurückführen. Auch ich hätte wahrscheinlich nicht anders gedacht und empfunden.

Eine unparteiische Berichterstattung hätte aber beispielsweise den Vorwürfen der Initiative 19. Februar und der Opferangehörigen genauer nachgehen können: So etwa, was es mit der Fluchttür in der Arena Bar auf sich hatte, die zur Tatzeit abgeschlossen war – und zwar angeblich in Absprache der Polizei mit dem Barbetreiber. Ganz ehrlich: Das klingt in meinen Ohren unwahrscheinlich. Wenn Polizisten eine Razzia in der Arena Bar machen wollen und wissen, dass es einen zweiten Ausgang gibt, dann sorgen sie sicherlich dafür, dass Beamte auch am Ausgang der Fluchttür postiert sind.

Eines der immer wieder beklagten Versäumnisse betrifft den Polizeinotruf. Dass es nur fünf Leitungen und zum Zeitpunkt des Attentats keine Umleitung gab: Wie oft wurde dieser Sachverhalt nicht zum Spekulieren aufgegriffen. Wäre Tobias R. wirklich vom Schießen und Morden abzuhalten gewesen, wenn mehr Menschen den Notruf hätten erreichen können? Wäre Vili-Viorel Păun noch am Leben, wenn er den Polizeinotruf erreicht hätte? Der junge Mann versuchte am Heumarkt, dem ersten Tatort, Tobias R. aufzuhalten, folgte ihm bis zum Kurt-Schumacher-Platz und versuchte auf der Fahrt, dreimal die Polizei zu erreichen. Vili-Viorel Păuns Vater meint: Ja, sein Sohn wäre noch am Leben, wenn die Leitung frei gewesen und Vili-Viorel mit einem Polizisten hätte sprechen können; der Beamte hätten ihm raten können zu bleiben, wo er war, und ihm gesagt, nicht dem Täter hinterherzufahren. Mir sind es zu viele Konjunktive. Und wer weiß, ob der 22-Jährige dem Rat aus dem Polizeirevier gefolgt wäre.

Der rassistische Anschlag gehöre »auf immer zu den schwärzesten Tagen in der Hanauer Geschichte«, erklärte Oberbürgermeister Claus Kaminsky tags darauf auf der Mahnwache. Seit diesem Tag erlebe ich eine Achterbahnfahrt der Gefühle. Jetzt beim Schreiben kann ich es immer noch nicht fassen, diese Diskrepanz zwischen dem, was Deutschland ist: das Land der Dichter und Denker und das Land von politisch Verantwortlichen ohne Anstand sowie Menschen im rechtsextremen, völkischen Wahn.

Dass ich mich nach dem Attentat nicht so betroffen und bedroht fühlte wie all die Menschen mit Migrationsbiografien, ließ in mir den Gedanken wachsen, mit mir stimme etwas nicht. Wieso war ich in den Tagen und Wochen und Monaten nach den schlimmsten rassistisch motivierten Morden in meiner Stadt so abgeklärt? Warum hatte ich eine so große Distanz zu den Ereignissen, so sehr, dass mich die meiner Ansicht nach allzu einseitige Berichterstattung in den Medien zu stören begann? Warum bekam ich zuweilen den Eindruck, es handele sich bei den TV-Beiträgen, in denen Opferangehörige und andere Betroffene zu Wort kamen, um eine Art von *scripted reality*? Warum fühlte ich nicht wie all jene, die sagten, dass sie sich nicht mehr sicher fühlten in diesem Land? Warum bewertete und bewerte ich im Gegensatz zu vielen anderen die Fehler und Versäumnisse nicht als rassistisch motiviert? Mich quälten diese Fragen – wie auch mein Gefühl, nicht empathisch genug zu sein mit den Menschen, die ihre Liebsten verloren haben.

Als diese Fragen mich so sehr beschäftigten, dass ich nicht mehr weiterwusste, suchte ich Rat bei Robert Erkan. Er ist freiberuflich als Mediator und systemischer Coach in Krisen und Konflikten tätig sowie ehrenamtlich in der Hanauer Kommunalpolitik als Stadtverordneter aktiv. Und »eher zufällig«, wie er sagt, wurde er schon am zweiten Tag nach dem Attentat zum Opferbeauftragten der Stadt Hanau. Ein halbes Jahr später gab er diese Aufgabe ab – »geordnet und offiziell« –, ist aber nach wie vor in Kontakt mit den Institutionen und Ansprechpartner vieler Betroffener. Robert hatte ich einige Jahre zuvor auf einer Veranstaltung der Grünen in Frankfurt kennengelernt. Wiedergesehen habe ich ihn auf einer der Demonstrationen kurz nach dem Attentat. Und das, weil er mit fast zwei Metern Körpergröße unübersehbar ist. Ich hatte mir seine Mobilnummer geben lassen, um ihn gegebenenfalls für Recherchen zu weiteren Artikeln über das Attentat kontaktieren zu können.

Ein Jahr nach dem Attentat rief ich Robert an, weil ich meine Sicht von ihm spiegeln lassen wollte. Uns verbindet nicht nur das Geburtsjahr, sondern auch, dass wir beide Kinder von Arbeitsmigranten sind. Er ist Sohn eines türkischen Vaters und einer kroatischen Mutter, kam in Frankfurt am Main zur Welt und lebt seit vielen Jahren in Hanau. Obwohl er sehr beschäftigt ist, nahm Robert sich viel Zeit für mich. Wann immer ich ihn anrief und darum bat, mir beim Nachdenken zu helfen, setzte er sich recht bald auf sein Fahrrad und kam zu mir. Mal saßen wir bei mir im Garten, mal machten wir lange Spaziergänge am Main. Wenn er nicht ganz so viel Zeit für ein Treffen hatte, telefonierten wir. Ich versuchte, die – aus meiner Sicht – zu energischen und auch zu aggressiven Akteure der Initiative 19. Februar zu verstehen.

Die Gespräche mit Robert haben es mir ermöglicht, die Ereignisse aus unterschiedlichen Perspektiven zu betrachten und meine eigene Sichtweise immer wieder infrage zu stellen. Mir fällt es schwer nachzuvollziehen, dass es tatsächlich auch das Interesse der Angehörigen selbst ist, vor laufenden Kameras zum zigsten Mal ihre Vorwürfe zu dem Polizeieinsatz in der Nacht und all das darauf Folgende vorzutragen. Auch auf die Gefahr hin, mich angreifbar zu machen, formuliere ich den Gedanken, der sich nach und nach einschlich in meinen Kopf und den ich auch nach dem Austausch mit Robert nicht wegbekomme: dass die Angehörigen der Ermordeten instrumentalisiert wurden, um die Politik unter Druck zu setzen. Wann immer ich sie in den Medien sah und hörte, dachte ich: Diese armen Menschen, sie kommen gar nicht dazu, um ihre Liebsten zu trauern; immer wieder werden sie dazu gebracht, den Medienvertretern das zu sagen, was sie so viele Male davor auch schon gesagt haben. Aus meiner Sicht ist es auch für eine gute Sache ethisch nicht vertretbar, Opferangehörige derart zu instrumentalisieren.

Aktivisten unterstellen dem Gegenüber nichts Gutes. Das ist ein grundsätzliches Problem und ein unauflösbares Dilemma.

Letztlich gibt es immer nur die subjektive Wahrnehmung dieses Attentats. Und meine Sicht hat ganz viel mit meiner eigenen Biografie zu tun. Wie sehr ich mich immer wieder dagegen gewehrt habe, Opfer zu sein, ist mir nicht nur beim Sortieren meiner Gedanken zum Attentat in Hanau deutlich geworden. Das kleine, zurückgelassene Mädchen in mir möchte nie wieder Situationen hilflos ausgesetzt sein.

Möglicherweise gelang mir nach dem Attentat der emotionale Abstand, weil ich unmittelbar nach den Ereignissen einen Rollenwechsel vollzog und in die Rolle der unbeteiligten Journalistin schlüpfte. Ein solcher Wechsel (»Ich kann etwas tun«) kann aus der Angst heraushelfen. Dadurch blieb in meinem Gedächtnis das schreckliche Verbrechen nicht als ein traumatisches Erlebnis haften. Ich habe zwar immer noch das Gefühl, dass es ein ganz schlimmes Ereignis ist, aber keines, das mir den Boden unter den Füßen wegzieht.

Von der Rolle als Journalistin habe ich mich nach der heftigen Kritik an meinem Kommentar in der *Frankfurter Rundschau* zurückgezogen. Seitdem fühle ich mich in einem Zwischenraum, und meine Gefühle schwanken. Ich bin Hanauerin, lebe zwischen den beiden Tatorten. Im Stadtbild erinnern Aufkleber an die Ermordeten, an mehreren Orten gibt es Gedenkstätten. Als ich erfuhr, dass sich Anwohner über das erzwungene Gedenken bei der Kommune beschwerten, war ich anfangs verstört. Ich ging in mich und versuchte, mich in die Perspektive auch dieser Menschen zu begeben. Ich stellte fest: Ich kann sie verstehen. Etwas erzwingen ist nie gut. Und wenn es als erzwungen wahrgenommen wird, dann scheint an der Art des Erinnerns etwas falsch zu sein.

Im Juni 2021 gab es im Hessischen Fernsehen eine Dokumentation zu diesem Thema. In der Sendung *Engel fragt* kamen sowohl einige Anwohner und der Ortsvorsteher von Hanau-Kesselstadt als auch Newroz Duman von der Initiative 19. Februar zu Wort.[4] Als Sprecherin der Opferangehörigen sagt sie in dem Fernsehbeitrag, sie könne die Perspektive der Anwohner nicht verstehen. »Der einfachste Weg ist, sich mit dem rassistischen Attentat nicht auseinanderzusetzen beziehungsweise, im schlimmsten Fall, sich auch noch darüber zu beschweren, dass es Menschen gibt, die versuchen, in dieser Gesellschaft Dinge zu verbessern.« Ich stutze. Schwingt da nicht auch eine Unterstellung mit, dass die Menschen aus der Mehrheitsgesellschaft nicht versuchen würden, »Dinge zu verbessern«, und sich nicht mit Rassismus auseinandersetzen? »Die Stadtgesellschaft und niemand in dieser Gesellschaft darf vergessen, was passiert ist«, erklärt Newroz Duman. Und wieder frage ich mich, wie wohl ihre Worte ankommen bei all den Menschen aus der Mehrheitsgesellschaft. Newroz Duman meint, dass sich die Anwohner mit der Frage beschäftigen sollten, wie sie sich an dem Erinnern beteiligen könnten, damit sich solch ein rassistischer Anschlag nicht wiederhole. Es gehe darum, dass die Bedürfnisse der Opferangehörigen und die Probleme auch wahrgenommen würden. Da bin ich hundert Prozent bei ihr. Aber das erzwungene Erinnern widerstrebt mir. Ich denke nicht, dass dies zielführend ist. Wessen Erinnerung zählt mehr? An was darf und sollte wie erinnert werden? Auf jeden Fall müssen wir uns gemeinsam und als Gesellschaft viel mehr als bisher dem Thema Erinnerungskultur widmen.

Für Newroz Duman ist klar: »Die Probleme definieren die Minderheiten und nicht die Mehrheit.« Ich stimme ihr einerseits zu. Um Probleme lösen zu können, müssen wir einen gemeinsamen Weg einschlagen. Doch wenn die Mehrheit in einem großen Rundumschlag beschuldigt wird, Menschen wie sie zu diskriminieren und rassistisch zu behandeln, weil sie so aussehen, wie sie aussehen, dann gehe ich nicht mehr mit. Diese Verallgemeinerung ist es, die mich ratlos zurücklässt. An die rassistisch motivierten Morde zu erinnern und

Aufklärung einzufordern ist berechtigt – genauso berechtigt ist aber auch das Bedürfnis von Anwohnern, die sich das Erinnern nicht aufzwingen lassen wollen. Ein Dilemma, das sich nicht auflösen lässt. Ich lasse es mal so stehen.

Der Austausch mit Robert hat mir geholfen, meine Gedanken zu den Ereignissen in Hanau zu sortieren. Ich bin nicht so zornig wie die Akteure der Initiative 19. Februar. Der Zorn und die Hartnäckigkeit der Antirassismus-Aktivisten auf der einen Seite, abblockende Verantwortliche und Entscheidungsträger auf der anderen Seite. Es gab keine transparente Kommunikation, kein Eingestehen von Fehlern, die gemacht wurden, nicht nur bei den Einsätzen an den Tatorten, sondern auch im Umgang mit den Angehörigen in der Nacht nach der Tat und in all der Zeit danach. Ohne praktizierte Fehlerkultur keine Versöhnung. Das Schweigen der politisch Verantwortlichen und der Ermittlungsbehörden trug zu Spekulationen bei. Und weil erst auf hartnäckiges Nachhaken und Nachbohren nach Recherchen der Antirassismus-Akteure Fehler, Pannen und Mängel in der Nacht des Anschlags und danach zugegeben wurden, wuchs das Feindbild immer mehr. Es entstand der Eindruck, dass kein Interesse und kein Willen an der Aufklärung besteht. So gab beispielsweise der hessische Innenminister Peter Beuth erst auf Drängen der Initiative 19. Februar zu, dass der Notruf nur fünf Leitungen hatte. Das war aber nicht nur in dieser Nacht so.

Denke ich an den 19. Februar 2020 und all das, was danach folgte, dann stelle ich fest: Meine Gefühle wechseln zwischen Trauer und Scham. Weil die politischen Mandatsträger nicht die Fehler hätten machen dürfen, die nach dem Hanauer Attentat gemacht wurden; sie hätten viel offener und schneller auf die Fragen der Opferangehörigen reagieren und diese beantworten müssen. Das Mindeste, was von den Mitgliedern der hessischen Landesregierung, namentlich Ministerpräsident Volker Bouffier und Innenminister Peter Beuth, sowie allen anderen Funktionsträgern, die für das Gemeinwohl verantwortlich waren, erwartet werden darf: Fehler öffentlich einzugestehen und bei den Opferangehörigen öffentlich um Verzeihung zu bitten.

Schon allein aus therapeutischen Gründen, und um den Heilungsprozess zu fördern, hätten die am Einsatz beteiligten Polizisten und Rettungskräfte mit den Opferangehörigen an einen Tisch gebracht werden sollen. Beide Seiten hätten aus der eigenen Perspektive sprechen und so einem Prozess der Versöhnung den Weg bahnen können. Dann hätte Filip Goman, der Vater von Mercedes Kierpacz, aus dem Mund der Polizisten, die mit vorgehaltener Waffe seine Personalien prüften, hören können, in welcher Situation sie sich befanden. Filip Goman saß in der Nacht nach dem Anschlag am Kurt-Schumacher-Platz im Auto und wartete darauf, Informationen über seine Tochter zu erhalten. Die Polizisten hätten ihn wie einen Verbrecher behandelt, so sein Vorwurf. Wie aber hätten sich die Beamten verhalten sollen in solch einer extremen Situation, in einer Phase, in der nicht klar war, was sich genau abgespielt hatte, ob es nur einen Täter gab und was genau die Motive waren?

Zu der Liste der Verfehlungen gehört aus Sicht der Opferangehörigen unter anderem auch, dass die Ermordeten ohne Zustimmung der Angehörigen obduziert wurden. Was bei dieser Kritik unbeachtet bleibt, ist allerdings, dass Obduktionen im Falle eines Todes durch Fremdverschulden keiner

Zustimmung durch Angehörige bedürfen, sondern richterlich oder staatsanwaltschaftlich angeordnet werden. Auch müssen sie unverzüglich erfolgen, weil sonst Beweismittelverlust droht, wie ich bei Recherchen erfahre. Die Obduktionen mussten also auch deshalb erfolgen, weil in der Tatnacht die Hintergründe noch unklar waren und festgestellt werden musste, ob nicht noch weitere Personen an der Schießerei beteiligt waren. Warum, um Himmels willen, wurde die Rechtslage den Opferangehörigen nicht mitgeteilt und nicht öffentlich kommuniziert? Hätten die bei der Generalstaatsanwaltschaft verantwortlichen Menschen das Prinzip Menschlichkeit angewandt, also das Gespräch mit den Opferangehörigen gesucht und die Sachlage erklärt, dann wäre diesen ermöglicht worden, die Situation aus einer anderen Perspektive wahrzunehmen und anders mit ihrem Zorn umzugehen.

Ich möchte mein Vertrauen in den demokratischen Rechtsstaat, in die Sicherheitsbehörden und in die Polizei nicht verlieren. Immer wieder bemühe ich mich um einen Perspektivwechsel. Was ich mich beispielsweise auch heute noch frage: Könnte es nicht sein, dass auch die Polizisten ähnliche Gedanken wie ich hatten, als sie am Abend des 19. Februar zu den Tatorten fuhren? Nämlich, dass es sich um Schießereien im kriminellen Milieu handelte? Anfangs kannte doch niemand das Tatmotiv oder hatte Einblick in nähere Umstände, also ob nur ein Täter oder mehrere beteiligt waren. Was wohl in den Köpfen all der Einsatzkräfte vor sich ging, als sie die blutüberströmten Körper der jungen Menschen sahen? Haben sie die Möglichkeit, offen über all das zu sprechen, was sie im Einsatz erlebten? Was haben sie gedacht, als sie das Tatmotiv erfuhren? Wie erging es den Rettungssanitätern, die Erste

105

Hilfe zu leisten hatten? Wie kommen sie mit den Vorwürfen klar, sich nicht ausreichend um die Angehörigen der Ermordeten gekümmert zu haben? Ob wir das je erfahren werden? Ich jedenfalls wäre komplett überfordert gewesen und hätte nicht auf Anhieb gewusst, wie ich zu handeln gehabt hätte. Als ich hörte, dass eine der Polizistinnen, die am Einsatz am Kurt-Schumacher-Platz beteiligt war, aus der Arena Bar trat und sich übergab, da dachte ich: All die Polizeibeamten und Rettungskräfte sind auch Betroffene. Diese Menschen als Gegner zu sehen, das gelingt mir nicht. Ich erinnere mich an die intensiven Gespräche mit Robert Erkan und dass er mit dem Wort »Betroffene« einen Kontext zog, in dem nicht alle gleichsam selbstverständlich betroffen sind und es durchaus sehr unterschiedliche »Betroffenenlagen« gibt, die es anzuerkennen gilt.

Anfang Juli 2021 wurde vom Hessischen Landtag auf Initiative der Fraktionen von SPD, Linke und FDP ein Untersuchungsausschuss gegründet, der offene Fragen zu »Hanau« klären soll. Es ist vor allem ein symbolischer Akt und eine politische Geste, es ist fraglich, dass der Ausschuss mehr zutage fördern wird als bisher die Ermittlungsbehörden. Hoffentlich werden die Ergebnisse dazu beitragen, dass die Angehörigen der neun ermordeten Hanauer und andere Betroffene zur Ruhe kommen können.

Fast zeitgleich mit der Gründung des Untersuchungsauschusses teilte die Staatsanwaltschaft Hanau mit, dass das Ermittlungsverfahren wegen des Vorwurfs, der polizeiliche Notruf am Abend des 19. Februar 2020 sei nicht erreichbar gewesen, eingestellt wurde. Anzeige erstattet hatte der Vater von Vili-Viorel Păun. »Ein strafrechtlich relevantes Fehlverhalten

von Angehörigen der Polizeistation Hanau I wurde nicht festgestellt«, heißt es in einer vierundzwanzig Seiten umfassen-
den Presseerklärung der Staatsanwaltschaft. Für die Initiative
19. Februar ist diese Entscheidung ein weiterer Beleg von
Behördenversagen. Sie erklärt in einer Stellungnahme: »Uns
geht es darum, dass alle Hintergründe des Versagens endlich
zugegeben werden müssen, damit Konsequenzen erfolgen.
Damit die politische Verantwortung übernommen wird. Und
dass diese kritische Aufarbeitung zur Grundlage genommen
wird, die Fehler abzustellen und eine Wiederholung auszuschließen.«[5] Überhaupt nicht nachvollziehbar ist: Warum die
politisch Verantwortlichen in der Landesregierung, bei der
Polizei, in der Kommune und beim Rettungsdienst über all
die Monate geschwiegen haben zu der auf fast zwanzig Seiten
langen »Kette des behördlichen Versagens«, die die Initiative
19. Februar veröffentlicht hat.[6]

Kein offenes Kommunizieren und keine Transparenz:
Das hat viel Raum gegeben für Spekulationen, für Verschwörungserzählungen und auch fürs Konstruieren von Feind-
bildern. Das Schweigen der Verantwortlichen trug dazu bei,
dass Antirassismus-Aktivisten und Opferangehörige ange-
fangen haben zu glauben, dass es keine Antworten geben
werde, wenn sie nicht nachhaken. »In Krisen und im Verlust
von Vertrauen ist nun mal Transparenz und Kommunikation
das Mittel der Wahl«, so Robert bei den Spaziergängen. Seine
Sätze klingen bei mir nach. Weil die notwendige Kommunikation nicht erfolgte, setzte »ein fataler Kreislauf ein«, sagt er.
Diesen Kreislauf gelte es zu unterbrechen, damit »Heilung«
beginnen könne. Es hätte unmittelbar nach dem Attentat ein
Dialog zwischen den Opferangehörigen, politisch Verantwortlichen sowie der Generalstaatsanwaltschaft beginnen

müssen. Auf informellem Weg, damit sich die Fronten nicht verhärten.

Lässt sich aus »Hanau« etwas lernen? Ich denke: ja! Nämlich, dass Ermittlungsbehörden und Politik schneller und mehr als bisher auf Angehörige von Opfern rassistisch motivierter Morde zugehen und den Kontakt zu ihnen halten müssen, dass also direkt mit ihnen gesprochen wird und die Kommunikation nicht über die Medien erfolgt. Und dass Opferangehörige und Betroffene nicht um der politischen Agenda willen instrumentalisiert werden. Zu mehr Transparenz muss aber auch die Generalbundesanwaltschaft beitragen. Es ist nicht nachvollziehbar, warum es die Behörde in Karlsruhe auch nach fast eineinhalb Jahren nicht schafft, die Öffentlichkeit über den Ablauf des Attentats und den Stand der Ermittlungen zu informieren.

Was hessische Politiker in ihren Funktionen und andere Verantwortliche sich seit dem 19. Februar 2020 leisten – besser: nicht leisten! –, beschämt mich. Dieses Zusammenhalten auf Kosten der Opferangehörigen und der Bürger und der Mangel an Fehlerkultur lässt immer mehr das Vertrauen in den Rechtsstaat schwinden. Auch mein Vertrauen. Ich denke weiter: Bei all dem, was nach dem Anschlag am 19. Februar 2020 passierte oder nicht passierte, kam die Pandemie hinzu. Vielleicht wäre alles anders verlaufen, wenn nicht zwei so extreme Ereignisse uns alle herausgefordert hätten. Beides ist mitnichten zu vergleichen, dennoch lagen zwischen den Ereignissen nur wenige Wochen, in denen Stadt und Gesellschaft regelrecht aus den Angeln gehoben wurden.

Dennoch, es passierten Fehler, die nicht hätten passieren dürfen – so erhielten die Opferangehörigen nach der Rückkehr des Vaters von Tobias R. in sein Wohnhaus von der Polizei eine Art Gefährderansprache, wurden also darauf hingewiesen, sich von dem Rentner fernzuhalten. Die Initiative 19. Februar reichte deswegen eine Dienstaufsichtsbeschwerde gegen Polizeibeamte ein, denn eigentlich hätten umgekehrt die Opferangehörigen vor dem Vater gewarnt werden müssen. So manches Fehlverhalten hätte vermieden werden können. Vermieden werden müssen! Und solange es kein offizielles Fehler-Eingestehen gibt, so lange werden die Angehörigen der Ermordeten nicht Ruhe finden und trauern können.

Ich werde weiterhin in meinem Supermarkt am Kurt-Schumacher-Platz einkaufen und auf dem Weg dorthin an dem Gedenkkreuz und dem Gedenkstein vorbeigehen, der an Vili-Viorel Păun erinnern soll. Wir werden nicht erfahren, ob Tobias R. hätte daran gehindert werden können, seinem rassistischen Wahn folgend auf Menschen zu schießen, wenn ihm der Waffenschein entzogen und die Waffen konfisziert worden wären. Selbst wenn alle Fragen, die die Initiative 19. Februar aufgelistet hat, beantwortet werden könnten: Den Verlust des Kindes, der Schwester, des Bruders, des Freundes, der Freundin, der Mutter machen sie nicht wett. Der Schmerz und die Trauer werden bleiben. Und die Wut und das Misstrauen darüber, dass der Staat nicht in der Lage ist, seine Bürger zu schützen. Es gibt aber keine hundertprozentige Sicherheit. In keinem Land.

Was könnte die Lehre aus »Hanau« sein? Eine funktionierende Demokratie braucht Akteure mit Kommunikationskompetenz und Fehlerkultur. Erforderlich ist eine unabhängige Kontrollinstanz für Sicherheitsbehörden. Damit alle Bürgerinnen und Bürger wieder Vertrauen in die Polizei setzen können. *Alle* Bürgerinnen und Bürger!

Die wichtigste Erkenntnis, zu der ich durch die Gespräche mit Robert gelangte: nicht ein »Entweder-oder«, sondern ein »Sowohl-als auch« wahrzunehmen. Das »und« ist das Verbindende, das »oder« das Trennende. Dieser Ansatz käme allen zugute in der Debatte. Es könnte ein Beginn sein für einen versöhnlicheren Umgang, nicht ohne kritisch zu bleiben. Für mich ist es jedenfalls so.

Kapitel 4:
Nachdenken über Deutschland

Ein Montagabend im Juli in Hanau: Anlässlich des Autoren-
gesprächs in Darmstadt sitze ich mit Anna Prizkau bei uns auf
der Terrasse. Anna wird bei uns übernachten. So haben wir es
bei der Planung des Literarischen Salons abgesprochen. Weil
die Rückreise nach Berlin von Hanau aus unkomplizierter ist
und weil Anna das Gespräch vor Ort dem digitalen vorzieht,
damit wir uns persönlich kennenlernen und uns auch nach
dem offiziellen Gespräch austauschen können.

Der Termin mit Anna war der letzte im Semester. Sie war
eine von drei Gästen im Literarischen Salon, den ich an der
Hochschule Darmstadt initiierte. Im Kurs lesen wir Bücher
von Autorinnen und Autoren mit Migrationsbezug in ihrer
Biografie. Pro Semester lade ich in Kooperation mit der Schader Stiftung drei Gäste ein, mit denen ich über Literatur, Herkunft, Heimat, Identität und Fremdheit spreche. Coronabedingt mussten wir das Konzept ändern und – wie schon im
Wintersemester – die öffentlichen Autorengespräche digital
führen. Anna und ich sind doppelt geimpft, daher haben wir
keine Bedenken fürs Gespräch vor Ort, das via Zoom über-
tragen wird. Natürlich ist es nicht zu vergleichen mit dem, wie
es eigentlich sein soll: mit den Studentinnen und Studenten
im Publikum, die ihre Fragen und Kommentare selbst an die
Gäste des Literarischen Salons richten.

Ich beginne das Gespräch mit einer Frage: »Anna, wie

geht es dir? Wer bist du gerade?« Anna überlegt nicht lange: »Oh, ich fühle mich verloren.« Sie, die Ausländerin – ja, so bezeichnet sich Anna immer noch –, und ich, die Akkulturierte, tauschen uns aus. Es ist ein lockeres Gespräch. Über sie, über mich, über die Protagonistin ihres Buches *Fast ein neues Leben,* einem Buch mit zwölf Kurzgeschichten auf 111 Seiten. Wie wenig doch der Umfang eines Buches über dessen Inhalt sagt, dachte ich bereits beim ersten Lesen. Und auch nach der zweiten und dritten Lektüre. Es sind sehr dichte Geschichten, Geschichten über Herkunft, Dazugehören-Wollen und Nicht-Ankommen-Können, weil das Fremd-Sein und Sich-Fremd-Fühlen nicht allein von der Außenwelt abhängen. Das alte Land lässt die Ich-Erzählerin nicht los, das neue Land nimmt sie nicht so auf, wie sie es gerne hätte.

Anna ist auch als Achtjährige nach Deutschland gekommen – ihre Eltern verließen Moskau 1994. Auch Anna wuchs in Hannover auf. Auch Anna ist Journalistin, Redakteurin im Feuilleton der *Frankfurter Allgemeine Sonntagszeitung.* Obgleich die Geschichten ihres Buches nicht eins zu eins autobiografisch sind, die beschriebenen Gefühle sind es, erzählt Anna vor laufender Kamera.

Später bei uns in Hanau, am Tisch unter dem Sonnenschirm, der uns an diesem Abend vor dem Regen schützt, sprechen Anna und ich darüber, wie sehr uns unsere Herkunft prägt. Sie ist abergläubisch, hält sich an Regeln, die sie im Elternhaus und in der alten Heimat mitbekommen hat. Anna erzählt davon, wie es war, bei Ämtern anzurufen oder in Amtsstuben mit den Eltern vor Beamten zu sitzen und von einer Sprache in die andere zu übersetzen. Von der Angst, falsch zu verstehen und falsch zu übersetzen. Ich verstehe sie. Weil es mir ähnlich erging. Und dann sprechen wir über die

Scham, zu Eltern der Eltern zu werden in dem neuen Land. In der Psychologie gibt es einen Begriff dafür: Parentifizierung, wenn sich die sozialen Rollen umkehren und die Kinder die Elternfunktion übernehmen, weil die Eltern dazu nicht in der Lage sind. Im neuen Land können das viele Eltern nicht, weil die Kinder die Sprache schneller lernen und die Codes schneller checken. Anna spricht davon, wie schwierig es für ihre Mutter war, sich mit russischem Akzent als Geschäftsfrau zu etablieren, und welche Kränkungen die Abweisungen zur Folge hatten.

Wir sprechen auch über das, was Anna Fuß fassen ließ im neuen Land, ohne emotional ganz und gar anzukommen. Ich höre mich an diesem Abend immer wieder sagen: »Anna, du musst das alles aufschreiben, erzählen, damit die Menschen mitbekommen können, wie es sich anfühlt, das Leben in Zwischenwelten.« Es sind Annas Geschichten. Sie wird sie vielleicht noch erzählen.

Wir stellen fest, dass wir es gut hinbekommen haben mit dem Checken und Uns-Behaupten. Zur späteren Stunde kommen wir auf die Rassismusdebatten zu sprechen und über das, was uns stört an der Kritik über das Land, in dem wir beide verdammt gerne leben – wissend, dass hier nicht alles super-duper ist. Es gibt Ungleichheiten und jede Menge Ungerechtigkeiten, es gibt Ablehnungen, Abweisungen und Diskriminierung, es gibt Rassismus – es gibt aber auch einen funktionierenden Rechtsstaat und eine Zivilgesellschaft, die sich für mehr Gerechtigkeit engagiert.

Anna blickt auf fast dreißig Jahre und ich auf fast fünfzig Jahre Deutschland, und wir bestätigen uns gegenseitig: Es hat sich doch auch vieles zum Guten entwickelt. Und dass nun auf all das aufmerksam gemacht wird, was nicht gut läuft in diesem Land, finden wir aus unseren jeweiligen Perspektiven wichtig – eigentlich. Im Gespräch mit Anna wird mir einmal mehr deutlich, warum mich die Debatten verstören. Der Kampf um Worte und Begriffe, um Abgrenzung der Gleichbehandlung willen, die Schuldzuweisungen und das Selbstgefällige, in dem der eigene Rassismus, die eigenen Unzulänglichkeiten und eigenen Vorurteile nicht vorkommen, die Empfindsamkeiten, die Fokussierung auf die Verletzungen und das sehr polarisierend und daher wenig zielführend. Nicht alle kennen das Vokabular der Antirassisten; nicht alle, die Tabuworte verwenden, nicht alle, die fragen, wo man herkommt, nicht alle, die »normal« mit heller Haut verbinden, nicht alle, die »Privilegien« haben, sind unsere realen Gegner und Gegner der Vielfaltsgesellschaft.

Wir beide bedauern, was wir beobachten: die Opferkonkurrenz im Kampf um Ankerkennung. Im Gespräch mit Anna komme ich dann auch noch dem Grund auf die Spur, warum mir der mediale Fokus auf den antischwarzen-Rassismus Unbehagen bereitet. Dass die lange unbeachtete Geschichte der Schwarzen in Deutschland thematisiert und über Kolonialismus debattiert wird, war längst fällig! Wenn aber für alles Unheil »Weiße« verantwortlich gemacht werden und vehement darauf bestanden wird, es gebe keinen Rassismus gegen Weiße, dann kann ich dem nicht zustimmen, auch wenn ich dafür ausgebuht werde. Es gibt eine große Leerstelle in den Rassismus-Debatten: die Auseinandersetzung mit antiosteuropäischem und antislawischem Rassismus. Dazu gibt es Forschung, aber es ist kaum Thema in öffentlichen Debatten. Anna und ich sprechen darüber, dass aus Osteuropa eingewanderte Menschen hier Rassismus genauso ausgesetzt sind, unter ihnen viele Frauen, die zeitweise zum Pflegen der Alten und Kranken kommen, um Geld für die zurückgelassenen Familien zu verdienen, wie auch Männer, die beispielsweise im Baugewerbe arbeiten.

Irgendwann nach Mitternacht mag Anna nicht mehr über so schwermütige Themen sprechen. Plötzlich sagt sie: »Du, ich kenne ganz viele gute Witze.« Und dann beginnt sie, Witze zu erzählen. Einer geht so: Cohen unterhält sich mit seinem Freund. Nach einer Weile sagt er: »Genug von mir! Sprechen wir über dich: Wie gefiel dir mein letzter Roman?« Wir lachen laut und herzlich. Es wird eine kurze Nacht für Anna. Morgens um sechs Uhr sitzt sie wieder im Zug und fährt nach Berlin zurück.

Witze kann ich mir nicht merken. Annas jiddischen Witz aber habe ich mir gemerkt. Er passt an dieser Stelle. Denn auch im Folgenden geht es eigentlich wieder um mich. Um meine Sicht.

Nerelisiniz? – Woher kommen Sie?

»*Nerelisiniz?*« Es gibt in meinem Herkunftsland wohl keinen Erwachsenen, der diese Frage noch nicht gestellt hat. Und der sie nicht beantwortet hat. *Nerelisiniz?* – Woher kommen Sie? *Nerelisin?* – Woher kommst du? Sich gegenseitig nach der Herkunft zu erkundigen ist so selbstverständlich wie das Amen in der Kirche. Keiner käme auf die Idee, diese Frage als Übergriff wahrzunehmen und darauf mit »Das geht Sie nichts an« zu antworten. Nicht ungewöhnlich sogar, dass man sich über »*Nerelisiniz?*« so sehr ins Gespräch vertieft, dass man erst viel später feststellt, sich nicht einmal namentlich vorgestellt zu haben.

In der Türkei ist diese Frage der Türöffner für all das, was folgt, nachdem die Herkunft geklärt wurde. Es mag sein, dass ich aufgrund des kulturellen Codes meines Herkunftslandes auch hier nie ein Problem mit der Frage nach meiner Herkunft hatte. Vielleicht liegt es auch daran, dass ich nicht um eine Antwort verlegen war und bin. In der Zeit nach dem Abitur hatte ich mal eine Phase, in der ich davon träumte, in der Türkei zu leben, weil dort alles schöner und besser sei. Ich wollte nicht nur träumen, reiste daher in meinem Herkunftsland herum, um nach drei Monaten zu wissen: Ich fühle mich dort fremder als hier, werde dort als Fremde behandelt. Seitdem weiß ich, woher ich komme und wo ich mich zugehörig fühle.

Bis auf eine kurze Phase, in der mich meine Zugehörigkeit zu diesem oder jenem Land beschäftigte, habe ich mich durch diese Frage nie infrage gestellt gefühlt. In der Türkei antworte ich auf »*Nerelisin?*« so: »Ich bin in Gemlik aufgewachsen, mein Vater stammt aus einem Dorf bei Gölpazarı, meine Mutter aus Sivas.« Und dann erzähle ich, dass sich meine Eltern im Zug kennengelernt haben. Davon, dass meine Mutter vom Besuch ihrer Tante in Istanbul zurück nach Sivas fuhr und mein Vater wiederum nach einem Heimaturlaub nach Bilecik, wo er seinen Pflichtdienst als Lehrer leistete. Noch heute werden Lehrer in den ersten Jahren ihres Berufslebens in abgelegene Regionen der Türkei zwangsversetzt, in Orte, in denen niemand freiwillig in den Schuldienst will.

Hier erzähle ich diesen Aspekt meiner Familiengeschichte im fortgeschrittenen Teil einer Unterhaltung auch. Dort aus anderen Gründen als hier. Dort, um verständlich zu machen, wie eine Frau aus dem Osten und ein Mann aus dem Westen zueinander fanden. Hier, um auszudrücken, dass die Familie meiner Mutter liberal war und der Tochter erlaubte, allein in die Großstadt ans andere Ende des Landes zu reisen. Und das schon in den 1950er Jahren. Beim Nachdenken erst erkenne ich mein Motiv: Denkt ja nicht, dass alle türkischen Familien ihre Töchter unterdrücken. Mein Erzählen verstehe ich als Angebot, die Stereotype über türkische Familien und Mädchen zu brechen.

Als ich vor einigen Jahren längere Zeit in Australien verbrachte, bemerkte ich, dass mich niemand nach meiner Herkunft fragte. Ich habe mich offensichtlich so sehr daran gewöhnt, Auskunft darüber zu geben, dass ich dort sogar ungefragt erzählte, aus der Türkei zu stammen und in Deutschland zu leben. Dass diese Informationen unkommentiert blieben, wunderte mich. Niemand interessierte sich für meine Herkunft, für Australier war es anscheinend bedeutungslos, einer aus der Türkei stammenden und in Deutschland lebenden Touristin zu begegnen. Hier kläre ich sogar bei flüchtigen Begegnungen wildfremde Leute darüber auf, dass ich aus der Türkei stamme. Weil mir das wichtig ist.

Leider möchten immer weniger Menschen von mir wissen, woher ich stamme. Nach der Herkunft zu fragen ist inzwischen verpönt – und dank der vielen Medienbeiträge auch der öffentlich-rechtlichen Sender und Lokalzeitungen ist das auch in der hintersten Ecke Deutschlands angekommen. Darf man oder soll man auf keinen Fall nach der Herkunft fragen? Auf akademischer Ebene wurde über diese Frage schon vor über zehn Jahren nachgedacht.

Eine öffentliche Debatte begann vor einigen Jahren, und

nachdem sich Dieter Bohlen in der RTL-Castingshow *Das Supertalent* ziemlich danebenbenahm, kochte sie hoch. Etliche prominente Personen mit Migrationsbezug bezogen öffentlich Position: Nein, diese Frage darf nicht gestellt werden. Sie ist rassistisch, und wer das fragt, macht eigentlich nichts anderes, als sein Gegenüber auszubürgern. Um es soziologisch auszudrücken: Es hat einen Paradigmenwechsel gegeben, und die Frage nach der Herkunft ist eine zutiefst politische geworden.

Zum Hintergrund der Bohlen-Debatte: In der Sendung *Das Supertalent* vom November 2018 fragt Bohlen ein fünfjähriges Mädchen, das sich auf der Bühne als Melissa vorgestellt hat, woher es denn komme. Melissa antwortet so: »In'nen Herne.« Dem Juror Bohlen reicht die Antwort nicht, das Aussehen des Mädchens scheint er nicht mit einer Stadt in Nordrhein-Westfalen in Verbindung bringen zu können. Also fragt er nach: »Und Mama und Papa? Philippinen, oder …?« Melissa antwortet: »Nein, die ist auch in Herne.« Dem Mann, der musikalische Talente aufspüren soll, mangelt es anscheinend an Gespür. Auch diese Antwort reicht ihm nicht, um Ordnung in seinen Schubladen zu schaffen, also hakt er nach: »Wo kommt ihr her, aus welchem Land, gebürtig?« Melissa, bis dahin noch freundlich, wird unwirsch und antwortet kurz und bündig: »Ich weiß es nicht!« – »Oma und Opa oder so?«, fragt Bohlen weiter und sieht dann links auf der Bühne eine Frau, die er anspricht: »Bist du die Mama? Wo kommt ihr her?« Freundlich antwortet die Mutter: »Ich komme aus Thailand.« Jetzt erst kann Bohlen Ordnung in seinen Schubladen schaffen. »Ah, Thailand, okay, da bin ich auch bald«, sagt er.[1]

Diese Szene dauert gerade mal 90 Sekunden. 90 Sekunden, für die einige sich fremdschämten (ich etwa), anderen vor Ärger die Haare zu Berge standen. Und manche, die nicht verstanden, was denn so schlimm sei an diesem Nachfragen, weil sie es noch nicht mitbekommen hatten, dass dies neuerdings als rassistisch galt. Was dieses Beispiel vor allem verdeutlicht: Kommunizieren ohne Feingefühl führt zu Komplikationen. Wer die besondere Situation und die Position seines Gegenübers (erwachsener Mann fragt kleines Mädchen) bei der Interaktion nicht mitbedenkt, bringt sein Gegenüber in eine unangenehme Lage. Das gilt grundsätzlich. Es hilft, einen Moment innezuhalten und darüber nachzudenken, was man mit seinem sprachlichen Handeln bewirken könnte und welche Steine ein Wort oder eine Frage ins Rollen bringen könnten.

Gleichzeitig ist es wenig hilfreich, sich aus lauter Sorge um Fehlverhalten eine Selbstzensur aufzuerlegen und Fragen nicht zu stellen – so auch die nach der Herkunft. Diese Frage war einst hierzulande auch ein Türöffner, und Menschen mit Migrationsbiografien empfanden es keineswegs als ausgrenzend, sondern als Interesse und Wertschätzung. Bei vielen ist es immer noch so, auch wenn diejenigen, die heute Deutungshoheit beanspruchen, sie als rassistisch aus der Kommunikation verbannen möchten.

Der Sozial- und Kulturwissenschaftler Özkan Ezli erinnert daran, dass diese Frage insbesondere in den 1980er Jahren, in denen es Angriffe auf vermeintlich Fremde und antitürkische Debatten gab, geradezu als Dialogöffner fungierte.[2] Mit ebendieser Frage sei im Gespräch die Dimension des Menschlichen in den Mittelpunkt gerückt worden. Die Migranten seien eben nicht nur in den Kontext von Arbeit gestellt worden. Dass diese sich »am Gegenüber orientierende, integrierende und hochmenschliche Frage« sich so verschoben hat, dass es als rassistisch gilt, führt Ezli auf Ressentiments zurück.

Wer fühlt sich denn von dieser Frage verletzt? Es seien nicht die Geflüchteten, nicht die aus dem Arbeitermilieu, nicht die erste Generation von Migranten. Vor allem Menschen aus der dritten Generation störten sich daran. »Weil sie aus der Frage ableiten, nicht als Zugehörige anerkannt zu werden«, erklärt Ezli, der an der Universität Münster zu Ressentiments forscht. Dabei sei die Frage gar kein rassistischer Marker. Dazu werde sie, »weil die dialogische Aktion auf eine systemische Ebene gehoben wird«.

»Wo kommst du her?« ist eine offene Frage. Sie bietet reichlich Stoff für ein Gespräch, trägt dazu bei, sich eine Vorstellung vom Gegenüber zu machen und ein Gefühl zu bekommen dafür, ob eine Verbindung beziehungsweise eine Nähe möglich ist. Mittlerweile steht aber die Intention der fragenden Seite gar nicht mehr zur Disposition; das Gegenüber wird nicht mehr als Subjekt wahrgenommen. Die Frage wird zum Beleg von systemischem Rassismus erklärt. Nach dem Motto: Hier spricht Deutschland und sagt mir, dass ich immer noch nicht dazugehöre, spricht mir das Deutsch-Sein ab. »Eine Identität, die sich aus der Diskriminierung, aus dem Opfer-Sein speist, bringt die Ebenen durcheinander«, erklärt Ezli. Systemisch wird Deutsch-Sein schon seit über zwei Jahrzehnten nicht mehr per Herkunft definiert. Das Staatsangehörigkeitsrecht ist im Jahr 2000 geändert worden.

Ich frage mich: Wieso braucht es auf der Ebene des persönlichen Gesprächs das grüne Licht, das einem freie Fahrt zum Dazugehören gewährt? Was bringt es, den konkreten Dialog zu verweigern? Namen sind nun einmal Marker, bestimmte Namen klingen für viele nicht deutsch, da kann man sich noch so sehr auf den Kopf stellen. Die Realität dieses Landes – eine Vielfaltsgesellschaft zu sein – ist noch nicht bei allen angekommen. Dafür gibt es viele Gründe.

Im Idealfall wird es in fünfzig oder hundert Jahren anders sein – wie etwa bei den polnischen Namen, deren Herkunft man möglicherweise im Hinterkopf hat, die aber nicht mehr mit »von woanders« in Verbindung gebracht werden. Nicht anders ist es mit äußeren Merkmalen wie Augenform, Haut- und Haarfarbe. Es ist nicht in allen Köpfen angekommen, dass bestimmte Phänotypen genauso von hier und genauso Deutsche sind. Dass beim Gegenüber die Schublade »Nicht-Deutsch« aufgeht, sagt doch mehr über diesen Menschen aus als über den, dem die Frage gestellt wird.

Fördert man durch die Ablehnung, den Raum für die eigene Herkunft zu erweitern und dies im Gespräch zu kommunizieren, nicht genau das, worauf Assimilationspolitik abzielt? Also das Kappen der geografischen wie auch kulturellen Herkunft? Eigentlich zeichnet es mich doch positiv aus, wenn meine Herkunft nicht nur auf Hannover reduziert ist, sondern es familiäre Bezüge zu anderen Ländern und Kulturen gibt. Wieso sollte ich mich verletzt und ausgegrenzt fühlen, wenn ich nach meiner Herkunft gefragt werde? Liegt es tatsächlich daran, dass einem diese Frage immer wieder gestellt wird? Was hat meine Abwehr mit mir selbst, mit meiner Geschichte, mit meiner Familie zu tun? Hängt sie damit zusammen, dass ich nicht viel oder gar nichts über meine Familiengeschichte weiß und ich um Antworten verlegen bin? Oder liegt es daran, dass die Antwort oft nicht mit einem Satz zu geben ist? Weil etwa die Großeltern mütterlicherseits aus Spanien stammen, die väterlicherseits aus Griechenland? Dass ich beispielsweise eine in Deutschland geborene Tochter von Eltern bin, die selbst gar nicht so genau Bescheid wissen über ihre Herkunft?

Jemand hat mich nach meiner Herkunft gefragt, hat mich komisch angeschaut, hat mich so oder so genannt. Schon wird die Rassismuskarte gezogen. Worin konkret besteht in der Interaktion das Rassistische? Das Diskriminierende? Das Verletzende? Hat der, der nach meiner Herkunft gefragt hat, es möglicherweise gar nicht ausgrenzend gemeint, sondern es aus reinem Interesse wissen wollen? In den Diskussionen um Herkunft, Identität und Rassismus geht es oft auch darum, wer was aus welcher Sprecherposition heraus kommuniziert. Was zählt, ist, was beim Empfänger ankommt. Woher rührt mein Widerstand gegenüber jenen, die meinen, dass allein die Wirkung auf den Empfänger zähle und die Absicht des Senders irrelevant sei? Wo steht geschrieben, dass die Wirkung einer (sprachlichen) Handlung wichtiger als die Absicht ist?

Spätestens nachdem ich mich mit den fünf Axiomen der Kommunikationstheorie befasst habe, die der Psychotherapeut und Kommunikationswissenschaftler Paul Watzlawick aufgestellt hat, ist mir bewusst, wie sehr es Missverständnisse geben kann, wenn zwei Menschen miteinander kommunizieren. Nicht immer ist das Gesagte so gemeint wie das Gehörte. Aus eigener Erfahrung weiß ich, dass ich nicht immer so verstanden werde, wie ich es meine, und umgekehrt andere nicht auf Anhieb so verstehe, wie sie es gemeint haben. Missverständnisse lassen sich über Nachfragen auflösen. Und nicht durch Schmollen und Gekränkt-Sein. Außerdem: Jemand, der die Absicht hat zu verletzen und auszugrenzen, erreicht sein Ziel, wenn man genau so reagiert. Hinzu kommt: Mit dem Gesprächsabbruch entzieht man dem Gegenüber die

Chance zum Perspektivwechsel und trägt nicht unbedingt dazu bei, dass sich dessen Vorurteile in Luft auflösen.

Es ist wichtig, dass wir Rücksicht aufeinander nehmen, als Gesellschaft über Rassismus und Diskriminierung sprechen und gemeinsam nach Lösungen suchen. Wenn aber schon allein die Frage nach der Herkunft zu einer rassistischen Sprachhandlung wird und die eigene Sensibilität so sehr in den Mittelpunkt gerückt wird, wenn Verletzungen zu Schuldzuweisung und Gesprächsverweigerung führen, dann verengt sich auch der Begegnungsraum. Vor allem: Es werden gravierende gewalttätige rassistische Handlungen relativiert. Es ist doch ein Unterschied, ob jemand aufgrund meines Namens und Aussehens mich mit einem anderen Land verbindet oder ob ein dunkelhäutiger Mensch in der Straßenbahn bespuckt und getreten wird.

Woher kommen die Verletzungen? Das gilt es sich genauer anzuschauen. Die Selbstbefragung, der Zugang zu sich selbst, all das nehmen wir nicht mit der Muttermilch auf. Es will gelernt sein. Kann gelernt werden. Auch wenn es wenig Raum dafür gibt. Schule wäre ein geeigneter Ort. Immerhin gibt es viele gute Bücher und Beratungsangebote, die einem den Zugang zu sich selbst öffnen.

Wenn sogar Menschen, die sich aktiv gegen Rassismus und Diskriminierung engagieren, die ihre Zeit und Energie dafür investieren, verunsichert sind und nicht mehr wissen, wie sie jemanden ansprechen können und ob diese oder jene Frage gestellt werden darf, dann ist ein besorgniserregender Punkt erreicht. Wenn das Interesse am anderen derart gekappt wird, kann dies – nach der Affekttheorie – bewirken, dass diese Energie in Verachtung umschlägt. Interesse kann zu stummer Verachtung werden. Über die Egozentrik und daraus resultierende affektgesteuerte Bewertung von Erlebnissen wird die Gesellschaft gesprengt. Ich stelle es nicht infrage: Wir leben in einer Gesellschaft, in der es Diskriminierte und Diskriminierende gibt. Dennoch müssen wir miteinander auskommen. Wie kann das gelingen? Auch über Gesprächsangebote und persönlichen Austausch. Wenn das Ziel eine rassismusbewusste und diskriminierungssensible Gesellschaft ist, dann gilt es, die positiven und die negativen Aspekte zu benennen – und zwar nach Möglichkeit ohne Schuldzuweisungen – und diese dann in einen Prozess zu überführen. Wie soll das ohne das Gespräch funktionieren?

Eine Möglichkeit des Aufeinander-Zugehens wäre: nicht gleich mit der Tür ins Haus fallen, also die Frage nach der Herkunft für einen späteren Teil des Gesprächs aufheben; sich zunächst auf den Menschen an sich einlassen und ihm den Gesprächsfaden überlassen. Eine Möglichkeit für den Befragten wäre, so zu reagieren: »Ach, wissen Sie, es ist gar nicht so sehr meine geografische Herkunft oder die meiner Eltern oder Großeltern, die mich geprägt hat; denn zu diesen Ländern habe ich gar keinen Bezug. Es gibt aber den einen oder anderen Ort, an dem ich mich für kurze oder auch längere Zeit aufgehalten habe, und das eine oder andere Ereignis und Erlebnis sowie Menschen, die mich geprägt haben. Darüber würde ich viel lieber sprechen.«

Gesellschaft verändert sich nicht durch Verweigerung. Denke ich. Ich rede und schreibe gerne über meine Herkunft, über Orte und Menschen, die mich geprägt haben. Das ist mein Antirassismus.

Über Gefühle, Gewürze und Gemüse

Obwohl ich es mir immer wieder vornehme, kann auch ich es wie so viele andere nicht lassen, in den sozialen Netzwerken zu schauen, »welche Sau heute wieder durchs Dorf getrieben wird«. Heute ist es nicht eine Sau, sondern die Süßkartoffel, die für Aufregung sorgt. Derart kochen die Debatten um Gefühle und Gemüse hoch, dass am Ende das Innenministerium intervenieren muss. Denn ein Post auf einem der Instagram-Accounts der Bundeszentrale für politische Bildung (bpb) sorgt für Wirbel. »Say My Name« lautet der Name des bpb-Projekts, das Werte wie Vielfalt, Respekt, Emanzipation, Recht und Gleichheit vermitteln soll. Prima Idee, um junge Leute anzusprechen! Und sicherlich auch gut und wichtig, mit dem richtigen *wording*, wie es neudeutsch heißt, die Generation Instagram politisch zu bilden. Dazu gehört auch klarzumachen, wer auf der richtigen und wer auf der falschen Seite ist im Engagement gegen Rassismus. Wer Feind, wer Freund ist und wie sie bezeichnet werden in der Antirassismus-Szene.

In dem Instagram-Post, der ein paar Tage später sogar in einer Bundestagsdebatte zum Thema wurde, geht es um die Bezeichnung von Herkunftsdeutschen als »Kartoffeln« und »Süßkartoffeln«. Das finden verständlicherweise nicht alle lustig. »Süßkartoffel« sei ein »Synonym für Menschen, die Betroffenen rassistischer Diskriminierung zur Seite stehen – in Anlehnung zu ›Kartoffel‹«, so der Post.[3] Das Bundesinnenministerium veranlasst, die Sinnhaftigkeit des Projekts prüfen zu lassen. Denn was da in Umlauf gebracht werde, erfülle nicht den Anspruch des Förderzwecks. »Ally, Verbündete:r oder Süßkartoffel könnten nur jene werden, die sich mit ihren eigenen Privilegien auseinandersetzen und sich auch Kritik von Betroffenen zu Herzen nehmen. Das ist ganz und gar nicht einfach. Diese Arbeit an uns selbst ist jedoch unabdingbar, wenn wir in einer gerechten und inklusiven Gesellschaft leben wollen«, steht in dem Post, mit dem für ein Buch von Mohamed Amjahid geworben wird. Darin erklärt der Autor, der Sohn marokkanischer Eltern ist, was die »Süßkartoffeln« von »Kartoffeln« unterscheide.

Kartoffel und Süßkartoffel als Bezeichnung von Herkunftsdeutschen kann man lustig finden, muss man aber nicht. Ich finde es ärgerlich. Michaela, eine Freundin seit Studienzeiten, denkt ähnlich wie ich. Sie verärgere das Lächerlichmachen von Menschen grundsätzlich. »Das Letzte, was wir derzeit brauchen, ist die Provokation, die wiederum zu Zurückweisung von Solidarität führt«, erklärt sie. Dass es tatsächlich Herkunftsdeutsche gibt, die die Verwendung von »Kartoffel« und »Süßkartoffel« verteidigen, können wir beide nicht nachvollziehen.

Was denn so anstößig sei an diesem *wording*, fragt mich ein jüngerer Kollege, der keiner Minderheitengruppe angehört. Andere entschuldigen es mit dem Hinweis auf Asymmetrie und Machtverhältnisse in den »Sprecherpositionen«. Ich möge bitte die von Rassismus betroffenen Sprecher nicht gleichsetzen mit den »weißen Deutschen«.

Ein Teil derer, die als »Kartoffel« bezeichnet werden, gewähren den Betroffenen einen Rassismus-Bonus, geht es mir durch den Kopf, und ich frage mich, ob das an sich nicht auch schon eine asymmetrische Interaktion ist. Nach dem Motto: »Weil ihr gedemütigt und beleidigt und tagtäglich diskriminiert werdet, dürft ihr uns als Kartoffel bezeichnen, uns rassistisches Verhalten attestieren und eure Wut an uns auslassen. Wir sind privilegiert genug, um euren verbalen Attacken standhalten zu können.« Ist das nicht sogar paternalistisch?

Gesellschaftliche Strukturen, die Diskriminierung und Rassismus stützen und fördern, lassen sich nicht aufbrechen, indem Diskriminierte den Spieß umdrehen, damit die Menschen, von denen sie seit Jahrzehnten beleidigend und herablassend behandelt werden, auch mal spüren, wie es so ist, als »Kümmeltürke« oder »Kanake« beschimpft zu werden. Auge um Auge, Zahn um Zahn beziehungsweise Kümmeltürke gegen Kartoffel, Gewürze gegen Gemüse: Was soll das bringen?

Wo soll es hinführen, wenn wir uns gegenseitig beleidigen, anklagen und Schuld zuweisen oder den Mund verbieten? Bei bestimmten Themen verlasse ich mich auf meine Lebenserfahrung und meinen moralischen Kompass. Der zeigt mir »Respekt« an und beginnt beim gegenseitigen Benennen. Ich nehme sie beim Wort, die sich als Betroffene von Diskriminierung und Rassismus zu Wort melden und nicht müde werden zu erklären, dass nicht der Sender, sondern der Empfänger darüber zu entscheiden hat, was beleidigend und was verletzend ist. Wenn es also Menschen gibt, für die eine Zuschreibung wie Kartoffel nicht lustig ist, und sie diese Anrede als beleidigend empfinden, dann ist das durchaus ein Anlass, über wertschätzende Kommunikation nachzudenken. Erlittenes Unrecht, erlebte Verletzungen, Beleidigungen und rassistisch motivierte Diskriminierung sollten nicht die Legitimation dafür sein »zurückzuschlagen«, auch wenn es sich bei der Waffe lediglich um eine Kartoffel handelt. Wenn wir – und mit »wir« meine ich alle in dieser Gesellschaft – uns Respekt und wertschätzenden Umgang wünschen, dann sollten wir unabhängig von Status und Sprecherposition bei uns selbst anfangen, nach dieser Maxime zu handeln und zu sprechen.

Mein Vorschlag daher: Gemüse und Gewürze sollten in der Küche verwendet werden und wie alle anderen abwertenden Zuschreibungen von Menschen nicht für Beschimpfungen und Herabwürdigungen herhalten.

Kartoffeln und Kommunikation

Im Zuge der Kartoffel/Süßkartoffel-Debatte wurde Michael Blume, Antisemitismusbeauftragter des Landes Baden-Württemberg, auf Twitter als Kartoffelbeauftragter bezeichnet. Darauf reagierte er so: »Mich wirft es nicht um, mich auch mal als Kartoffel zu bezeichnen – bin schließlich auch mit Humor der Alman in einer deutsch-türkischen Familie. Wie schnell das jedoch in rassistische & antisemitische Verhöhnungen umkippt, führte hier mal wieder ein ›Twitter-Dude‹ vor ...«[4] Gerade ein Mensch in seiner Funktion hätte klarer gegen diese Zuschreibung, die eben nicht alle Herkunftsdeutschen mit Humor nehmen, Position beziehen müssen. So mein Standpunkt. Dass Michael Blume auf den Tweet, in dem er als Kartoffelbeauftragter tituliert wurde, so gelassen reagierte, irritierte mich.

Er ist Religionswissenschaftler und vielen unter anderem als Buchautor sowie seit Frühjahr 2020 durch seinen Podcast zu Verschwörungsfragen bekannt. Wir kennen uns persönlich aus seiner Zeit als Leiter des Referats »Nichtchristliche Religionen, Werte, Minderheiten, Projekte Nordirak« im Staatsministerium Baden-Württemberg. Da ich mit ihm nicht via Twitter hin- und herschreiben wollte, suchte ich den direkten

Kontakt. Ein paar Tage nach unserem Telefonat, in dem er mir seinen Standpunkt erörtert hatte, bekam ich Post von ihm, er hatte seine Gedanken aufgeschrieben. Offensichtlich beschäftigte nicht nur mich, sondern auch ihn über die Twitter-Debatte hinaus die Frage nach wertschätzender Kommunikation. Ich dokumentiere hier mit seinem Einverständnis den Brief:

Liebe Canan,

als ich vor einiger Zeit auf Twitter als »Kartoffelbeauftragter« verhöhnt wurde, hast Du mich gefragt, warum ich so gelassen reagiert habe. Denn, ja, diese Bezeichnung nahm natürlich ebenso die jüdischen Landesgemeinden auf die Schippe – die bei Ministerpräsident Winfried Kretschmann und beim Landtag um eine Beauftragung gegen Antisemitismus gebeten haben – wie auch meine Arbeit und mich, den die jüdischen Gemeinden und demokratischen Parteien für dieses Amt vorgeschlagen hatten. Und sofort waren natürlich auch wieder Stimmen präsent, die betonten, ich dürfte mich als weißer, deutscher Mann dennoch nicht gegen die Bezeichnung »Kartoffel« wehren, da ich mit jeder Gegenrede die Erfahrungen von »PoC« [People of Color] mit »echtem Rassismus« doch nur »relativieren« oder gar »entwerten« würde. Ich sollte also gefälligst als evangelischer Alman demütig die Verhöhnungen über meine Arbeit, mich und alle Beteiligten ergehen lassen und mich stattdessen schuldbewusst in »Critical Whiteness« üben.

Meine Gelassenheit gegenüber diesen absurd überdrehten Forderungen hat im Wesentlichen zwei Gründe. 1. Im Bereich Antisemitismus sind diese identitätspolitischen Spiele bereits längst gescheitert. Und 2. Schon unsere deutsch-tür-

kische Familie passt nicht in das Whiteness-PoC-Schema. Ich beobachte: Hier verrennen sich gerade wieder Leute vor allem über das Internet in identitätspolitische Sackgassen, die ihnen in wenigen Jahren peinlich sein werden.

Schauen wir uns 1. den Bereich Antisemitismus an. Hier gab es auch auf der Seite der Linken in Deutschland nach dem Holocaust lange Zeit vor allem das Motiv der Schuldabwehr: Weil es Jüdinnen und Juden gewagt hatten, auch nach der NS-Verfolgung statt auf die marxistische Weltrevolution auf einen eigenen Nationalstaat zu bauen, wurden sie wiederum als Teil des »Kapitalismus«, »Kolonialismus« und »Imperialismus« wahrgenommen. Buddhist:innen konnten im selben Gründungsjahr wie Israel gerne ihr Burma (heute: Myanmar) ausrufen und Muslim:innen zum Beispiel Pakistan – doch keineswegs durfte es ein Israel geben. Kaum zwei Jahrzehnte nach dem Holocaust übten sich daher deutsche Linksextremisten der RAF im mörderischen, antijüdischen Schulterschluss mit arabischen Terrorgruppen, ganz ebenso wie deutsche Rechtsextremisten an das Bündnis von Adolf Hitler und des arabischen Großmufti al-Husseini anknüpften. [...] Deutscher und arabischer Antisemitismus vermischen sich seit Jahrzehnten – und zwar rechts wie links.

In den 1980er Jahren kam dann aber eine neue, linke Bewegung auf, die den Antisemitismus dadurch überwinden wollte, dass sie ihn einfach umdrehte: Die sogenannten »Antideutschen« identifizierten sich von nun an bedingungslos mit Israel und verkündeten zugleich ihre Verachtung gegenüber allem Deutschen. Doch diese Umkehrung führte nicht in die versprochene Erlösung, sondern binnen weniger Jahre in die nächsten Sackgassen. Wie sollten »Antideutsche« damit umgehen, dass es auch Jüdinnen und Juden gab, die Deutschland eigentlich ganz okay fanden? Und wer auch nur einmal Israel besucht hatte, stellte fest, dass es dort ebenfalls tonangebende Schichten – wie die Aschkenasim – und andere Gruppen wie die Sefardim, die Mizrachim und die afrikanisch-stämmigen Jüdinnen und Juden gab, zudem nichtjüdische Israelis etwa sunnitischen, christlichen oder drusischen Glaubens. Mit »welchem« Israel sollten sich die »Antideutschen« also gegen welches Deutschland identifizieren? Die meisten wählten eher so das kosmopolitische Tel Aviv, andere schlugen sich zu den nationalreligiösen Siedlern eines »Groß-Israel« oder den Frommen von Jerusalem. Nicht wenige Antideutsche wanderten schließlich weit nach rechts. Ein ehemaliger Landtagsabgeordneter erklärte mir neulich: »Das Einzige, was mich an Israel stört, sind die vielen Moscheen!«

Wenn ich heute also Twitterer über »PoC« und »Kartoffeln« ätzen höre, dann sehe ich einfach eine Wiederholung des antideutschen Dualismus. Es ist ebenso absurd und führt ebenso in die Sackgasse.

[...]

Liebe Canan, die Absurdität der Identitätspolitik ergibt sich schon aus einfachen Fragen. Ist meine Ehefrau Zehra – die jahreweise bei den Großeltern in der Türkei lebte – als »Gastarbeiterkind« eine »PoC«? Was bedeutet es, dass sie zeitweise von einer schwäbischen Familie mitbetreut wurde und besser Schwäbisch spricht als ich? Ist sie nun eine »Weiße«, weil sie als erste Frau der Familie das Abitur geschafft hat, auf Pünktlichkeit achtet und eine »Kartoffel« geheiratet hat? Müsste sie sich als Deutsch-Türkin dann wiederum gegenüber unseren Freund:innen kurdischer oder armenischer Herkunft schuldig fühlen – oder darf sie darauf *verweisen, dass sie selbst niemals an der Unterdrückung kurdischer oder armenischer Menschen beteiligt war? Muss sie mit ihrer deutsch-griechischen Freundin über Zypern streiten und sich gegenüber unseren jüdischen Freunden für den Holocaust schuldig fühlen? Oder darf sie sich ihre PoC-Whiteness-Schuldkomplexe nach Bedarf aussuchen?*

Und was ist mit unseren Kindern? Zählt es als »rassistische Erfahrung«, dass manche deutschen wie auch türkischen Rassisten über unsere »Rassenschande« höhnten und manche islamische wie auch christliche Fundamentalist:innen die Ehe eines christlichen Mannes mit einer muslimischen Frau als verboten ansahen? Macht das unsere drei Kinder also zu bemitleidenswerten »PoC«? Oder sollen wir bei ihnen an Haut und Haaren Farbtests nehmen und ihre Schulerfolge vergleichen, um festzulegen, wer mehr »Kartoffel« oder mehr »PoC« ist?

Eines der drei wurde neulich aufgrund seiner türkisch-sächsischen Wurzeln als »Mischung aus Türke und Nazi« verhöhnt. Wer möchte das Gutachten dazu erstellen, inwiefern das Kind das »rassistisch lesen« durfte? Wäre dafür erst die Herkunft und Hautfarbe des Verhöhners einzuholen? Sollen wir unseren Kindern wirklich solchen identitätspolitischen Bullshit vermitteln?

Das Gegenteil von Antisemitismus ist kein Antideutschtum, sondern ein entspanntes und wertschätzendes Miteinander unter gleichberechtigten Bürgerinnen und Bürgern. Und das Gegenteil von Rassismus ist ebenso keine »Anti-Whiteness«, sondern die Erkenntnis, dass wir alle vielfältige Identitäten haben. [...]

Es gab nie und wird niemals völlig getrennte Gruppen aus »Unterdrückern« und »Unterdrückten« geben, sondern

immer nur komplexe und bewegliche Netzwerke von Men-
schen, die sich in mehr oder weniger privilegierten Posi-
tionen befinden und sogar gleichzeitig »Opfer« und »Täter«
sein können.

Verständnis für rassistische Erfahrungen, Empathie sind
damit völlig vereinbar. Ich verstehe den Schmerz meines
Schwiegervaters, der jahrzehntelang in Deutschland »Du,
Osman!« hieß, während seine deutschen Kollegen mit Nach-
namen gesiezt wurden. Dem älteren jüdischen Ehepaar in
den USA, das meine Frau und mich als »deutsch« und »isla-
misch« bei der Hochzeit ihres Neffen erst einmal skeptisch
beäugte, sind wir nicht böse – hatten sie doch selbst noch die
Vertreibung erlebt. Und offenbar hörten sie uns zu, denn der
Herr sprang auf, als mich Zehra gut schwäbisch um ihren
»Kittel« (die Jacke) gebeten hatte. Später am Abend lachten
und weinten wir dann gemeinsam über die vielen weiteren
jiddischen Worte, die nach Jahrzehnten aus den Erinnerun-
gen des Ehepaares empordrangen und mit dem heutigen
Deutsch abgeglichen wurden. […]

Niemand trägt »Schuld« an den Entscheidungen von
Vorfahr:innen, sondern wir alle tragen Verantwortung dafür,
was wir daraus machen.

Meine Freundinnen und Freunde nichtdeutscher Her-
kunft haben jedes Recht, mich auch mal scherzhaft »Kartof-
fel« zu nennen und mit mir ihre Schmerzen zu teilen, so wie
ich ihnen von den Heimwegs-Prügeln und der Wossi-Iden-
titätssuche erzählen darf. Sich als Schwarz Definierende
dürfen einander im gegenseitigen Einvernehmen mit dem
N-Wort begrüßen und ihre weiß gelesenen Freunde gleich-
zeitig bitten, dies nicht zu tun. […] Sprechsituationen und
die Erlaubnisse zu Vertrautheit unterscheiden sich. Nur

emotional verrohte Menschen können nicht zwischen echter Nähe und digitalen Machtansprüchen unterscheiden. Wenn Murat mich »Kartoffel« oder Zehra mich »Schatz« nennen darf, dann gibt das noch keinem Twitterer das Recht, das Gleiche zu tun. So einfach ist das.

Kurz: Wer den öffentlichen Raum benutzt, um Menschen aufgrund ihrer Herkunft, Hautfarbe, Religion oder sexuellen Identität zu beschämen, ist nach meiner Beobachtung der Logik des Rassismus nicht entwachsen – auch dann nicht, wenn diese umgedreht wird. Ja, Antideutschtum ist weniger mörderisch als Antisemitismus und Anti-Whiteness nicht so schlimm wie struktureller Rassismus. Doch wirklich überwunden ist Identitätspolitik erst, wenn wir einander als Individuen mit multiplen Identitäten gleichberechtigt respektieren – und zwischen dem ehrlichen Austausch von Gefühlen und Neckereien unter Vertrauten einerseits und öffentlichen Machtspielchen andererseits klar unterscheiden. [...]

Und deswegen bin ich gelassen nicht nur Beauftragter gegen Antisemitismus. Sondern, wenn es sein muss, eben auch gegen »Antideutsche« und »Kartoffel-Schimpfer«, die überkommenen Oben-unten-Dualismus nur umgedreht, aber noch nicht wirklich überwunden haben.

Herzliche Grüße
Dein Michael

Michael Blumes Gelassenheit im Umgang mit der »Kartoffel-Kausa« kann ich nachvollziehen. Im Grunde praktiziert er das, wofür ich auch immer wieder plädiere: Gelassenheit. In den Debatten über Sprecherpositionen und wer was sagen darf gelingt mir das selbst allerdings nicht – noch nicht. Sein Brief bringt die Debatte um Identitätspolitik und Rassismus auf den Punkt: Die bundesrepublikanische Gesellschaft ist viel komplexer, als es die Anhänger der Critical-Race-Theorien uns weismachen wollen.

BIPoC, PoC und anderes

Im Literarischen Salon geht es im Sommersemester um »Ich und die anderen«. Und die Gespräche beginnen mit der Frage, wie sich meine Gäste selbst beschreiben. Auf meine Frage nach der Selbstbezeichnung sagt Anna Prizkau vor laufender Kamera: »Früher Ausländer! Heute: Luxus-Ausländer!« Ich zucke innerlich zusammen. Mit so einer Antwort hatte ich nicht gerechnet. Habe ich mich jemals selbst so bezeichnet? Gerade habe ich keinen Kopf, um darüber nachzudenken. Es geht an diesem Abend um Anna. Also frage ich nach. Sie sei halt immer als Ausländer bezeichnet worden. Ausländer? Ja, als Ausländer. Im generischen Maskulinum. Sie hat es so beibehalten. Und was ist mit Person of Color? Damit kann sie gar nichts anfangen. Jeder könne sich so bezeichnen, wie er mag, meint Anna. Die Frage sei doch, wie viel Realität sich darin verberge. Person of Color. People of Color (PoC). Was genau und wie viel Realität verbirgt sich hinter dieser Bezeichnung? Gute Frage.

In den Zeiten, in denen Menschen wie Anna Ausländer und wie ich Türkenkinder hießen, da war PoC ein Fremdwort. Und heute? Wer meint, sich rassismussensibel ausdrücken zu wollen, greift schnell auf dieses Vokabular zurück. Allzu schnell!

Wenn ich People of Color höre, reagiere ich genervt. So auch, als ich einen TV-Bericht über die hessische Polizei schaue. In dem Beitrag der Hessenschau vom 10. Juni 2021 geht es um das Sondereinsatzkommando Frankfurt, das aufgelöst wird, nachdem Chats mit rechtsextremen Inhalten entdeckt wurden. Zu Wort kommt unter anderem Rafael Behr, Kriminologe und Soziologe. Er lehrt an der Akademie der Polizei Hamburg. Behrs O-Ton in dem Beitrag beginnt so: »Ich sage mal People of Color, Jugendliche mit Migrationshintergrund, gerade die sind davon abhängig beziehungsweise brauchen Journalisten, die ihren Job mit Fairness machen – und mit demokratischer Sicherheit.«[5] Ich fasse es nicht. People of Color. Leute der Farbe.

Hallo, Herr Behr, darf ich kurz intervenieren? Ich habe da mal eine Frage, die ich dringend loswerden will: Wen und was meinen Sie, wenn Sie von People of Color sprechen?

Es ist nämlich so: Nicht alle Begriffe der Aktivisten eignen sich für unsere Gesellschaft. Und für den allgemeinen Sprachgebrauch eignen sich politische Begriffe selten, weil man dann nicht die Allgemeinheit abholt. Im Gegenteil, etliche schalten innerlich ab. Vermutlich haben so manche Zuschauer des öffentlich-rechtlichen Fernsehens gar nicht verstanden, was Professor Behr gemeint hat, als er von »People of Color« sprach. Das Glossar der Neuen Deutschen Medienmacher*innen (NdM) definiert den Begriff wie folgt: »People of Color ist eine Selbstbezeichnung von Menschen mit Rassismuserfahrung, die nicht als weiß, deutsch und westlich wahrgenommen werden und sich auch selbst nicht so definieren. PoC sind nicht unbedingt Teil der afrikanischen Diaspora, ursprünglich ist der Begriff u. a. zur Solidarisierung mit Schwarzen Menschen entstanden. Schwarz und weiß sind dabei politische Begriffe. Es geht nicht um Hautfarben, sondern um die Benennung von Rassismus und den Machtverhältnissen in einer mehrheitlich weißen Gesellschaft. Inzwischen wird häufiger von BPoC (Black and People of Color) gesprochen, um Schwarze Menschen ausdrücklich einzuschließen. Etwas seltener kommt hierzulande die Erweiterung BIPoC (Black, Indigenous and People of Color) vor, die explizit auch indigene Menschen mit einbezieht. Singular: Person of Color.«[6]

Alles klar? Oder doch nicht? Falls Sie nicht alles verstanden haben, was Sie gelesen haben: macht nichts. Seien Sie beruhigt, andere verstehen es auch nicht. Viele tun aber so, als wüssten sie Bescheid.

Begriffe wie PoC sind Importware aus den USA. Auch wenn das Ziel darin besteht, bestimmte Gruppen in dieser Gesellschaft zu benennen, Verhältnisse zu analysieren und sich zu diesen zu positionieren, das Ergebnis ist meines Erachtens nicht, dass wir mehr verstehen. Wer sollen denn hier bei uns die »Indigenous« sein? Die alteingesessenen Friesen in Norddeutschland? Die autochthonen Bayern aus dem Süden der Republik? Wenn sich per Definition in den drei bis fünf Buchstaben all die zusammenschließen, die Rassismuserfahrungen machen, dann ergibt BIPoC keinen Sinn.

Ich oute mich, bevor andere mir vorwerfen, dass ich doch selbst für diesen Begriff aus dem Glossar »Formulierungshilfen für die Berichterstattung in der Einwanderungsgesellschaft« geworben habe: Ich bin Mitbegründerin der NdM, war lange aktives Mitglied und gehörte, wenn auch nur für kurze Zeit, zu denen, die sich dafür eingesetzt haben, »PoC« und einige andere Begriffe in journalistischen und anderen Texten zu verwenden. Ein Erlebnis zu Beginn der Pandemie hat mir verdeutlicht, wie absurd das eigentlich ist, was ich mache. Ich gab via Zoom einen Workshop zu Presse- und Öffentlichkeitsarbeit und zu »diskriminierungssensibler« Sprache. An dem digitalen Kurs nahmen Leute teil, die in kleinen Kommunen mit der Integrationsarbeit befasst sind. Ihre Texte adressieren sie also nicht per se an Kosmopoliten und an Menschen, die versiert sind in den identitätspolitischen Diskursen. Mit den Erläuterungen, warum es sinnvoll ist, in Texten den Begriff »PoC« zu verwenden, stieß ich auf Widerstand. Je mehr ich versuchte zu erklären, desto mehr geriet ich ins Schleudern. Und irgendwann machte es »Klick« bei mir, und ich gestand mir ein, dass ich es eigentlich selbst nicht verstanden hatte, was ich da erklärte: Warum es hier bei uns sinnvoll sein soll, die Gesellschaft in »weiße« Menschen und »BPoC« zu unterteilen. Mir wurde klar, dass mir die Dichotomien nicht behagen. Weil ich denke, dass es diese klaren Grenzen, die politisch und sprachlich gezogen werden, so nicht gibt. Unsere Gesellschaft ist viel komplexer, und Zugehörigkeiten sind nicht so klar abgrenzbar, dass politische Kampfbegriffe sie erfassen könnten.

Ein Beispiel dafür, wie der Begriff PoC in die Alltagssprache eingeschleust wird, ist die NDR-Dokumentation von Mai 2021 über Rassismus und Sexismus im Kulturbetrieb. Die Reporterin erklärt: »Wie viel Teilhabe gibt es in Kultur und Medien für People of Color? Gemeint sind damit nicht nur Schwarze. Der Begriff ist eine Selbstbezeichnung von Menschen mit Rassismuserfahrungen, die nicht als weiß, deutsch und westlich wahrgenommen werden. Ich nutze ihn als Alternative zum Migrationshintergrund; denn es geht nicht um Einwanderungsgeschichten, sondern um mehr Sichtbarkeit im Hier und Jetzt.«[7]

Übertroffen hätte sich die Reporterin im Umsetzen der antirassistischen Sprachagenda nur noch, wenn sie statt »wahrgenommen« auch noch »gelesen« gesagt hätte – also »nicht als weiß, deutsch und westlich gelesen«. (Das ist noch so eine sprachliche Marotte. Neuerdings werden Menschen als dies oder das »gelesen«, etwa als asiatisch oder muslimisch. Worin der Unterschied zu »wahrgenommen werden« bestehen soll, hat mir bisher niemand nachvollziehbar erklären können. Entstanden ist es wohl aus der Übersetzung des englischen Ausdrucks »to read someone as someone«, also sinngemäß »jemanden als xy wahrnehmen«. Jemanden als »asiatisch« oder als »muslimisch« lesen soll wohl dem Gesagten mehr Gewicht verleihen.)

Abgesehen davon, dass ich die Thesen dieser NDR-Dokumentation über den deutschen Kulturbetrieb nicht teile, stört mich das Belehrende. Die mangelnde Repräsentation und Teilhabe von Schwarzen und anderen Minderheiten, die als nicht »weiß, deutsch oder westlich« gelten, allein auf Rassismus zurückzuführen, ist platt. Ich erinnerte mich beim Schauen der NDR-Doku an ein Interview von Ijoma Mangold, Kultur-Redakteur der Wochenzeitung *DIE ZEIT*, mit der Schriftstellerin Jackie Thomae. Beide haben dunkle Haut und sprechen »über sich«, über die Bezeichnungen BPoC und PoC und darüber, ob Schwarze im Kulturbetrieb hierzulande unterrepräsentiert sind. Ijoma Mangold meint: Gemessen an der Bevölkerungszusammensetzung »sind wir vermutlich überrepräsentiert, was ich nicht schlimm finde«.[8] Jackie Thomae erzählt in dem Gespräch, dass sie bei Anfragen für Veranstaltungen auch die Frage gestellt bekomme, wie sie denn angesprochen werden wolle – »lieber Schwarze Frau, Afrodeutsche oder BIPoC«. Ihr reiche es, mit ihrem Namen vorgestellt zu werden.

Immer wieder habe ich das Gefühl, mich in einem sprachlichen Umerziehungsprogramm zu befinden, an dem sich auch die öffentlich-rechtlichen Sender – in Funk, Fernsehen und Online gleichermaßen – mit Übereifer beteiligen. Was daran liegen könnte, dass Entscheidungsträger in den Redaktionen zunehmend zur Fraktion der »Woken« gehören. Oder an Kolleginnen und Kollegen, die inzwischen so eingeschüchtert sind durch Identitätslinke und Antirassismus-Aktivisten, dass sie sich gar nicht mehr trauen, etwas infrage zu stellen. Wenn Journalisten und Redakteure deutschsprachiger Medien aus lauter Haltung-zeigen-Wollen ihre Kernaufgabe vernachlässigen und unkritisch das *wording* und die Agenda von Aktivisten übernehmen, trägt das nicht unbedingt zum Verstehen bei.

People of Color – Leute der Farbe! Was für eine Albernheit, könnte man sagen, sich über diese Beschreibung amüsieren und dann wieder zur Tagesordnung übergehen. So einfach ist es leider nicht.

Zur Geschichte des Begriffs schreibt der Politologe Kien Nghi Ha: »Vor dem Hintergrund seiner jüngeren politischen Geschichte ist zu erkennen, dass der Ausdruck PoC bis in die Gegenwart vor allem eine solidaritätsstiftende Perspektive vermitteln will. Als gemeinsame Plattform für grenzüberschreitende Bündnisse wendet er sich gleichermaßen an alle Mitglieder rassifizierter und unterdrückter Communities. […] Er verbindet diejenigen, die durch die weiße Dominanzkultur marginalisiert sowie durch die Gewalt kolonialer Tradierung und Präsenzen kollektiv abgewertet werden. Auf diese Weise kann ein analytischer wie politischer Rahmen geschaffen werden, indem sich Unterschiede, Gemeinsamkeiten

sowie Überlagerung unterschiedlicher Unterdrückungsver-
hältnisse und Ausweitungszusammenhänge von PoC einem
postkolonialen Kontext thematisieren lassen.«[9]

Vor zwanzig und mehr Jahren wurde PoC hier vornehm-
lich in akademischen Diskursen verwendet. Das Antidiskri-
minierungsnetzwerk Berlin, das 2003 mit dem Ziel gegründet
wurde, die unterschiedlichen Migrantenorganisationen zu
vernetzen, führte diesen Begriff in die Empowerment-Arbeit
ein. Inzwischen taucht der Begriff sogar in Lokalblättchen
auf. Weil auch in diesen Redaktionen Menschen arbeiten, die
sich um diskriminierungssensible Sprache bemühen. Das ist
gut und wichtig. Dafür engagiere ich mich seit fast drei Jahrzehnten. Ich ziehe aber inzwischen eine Grenze bei Begriffen wie PoC. Nicht weil dieser aus der aktivistischen Szene
kommt, sondern weil er uns nicht weiterhilft, um unsere Gesellschaft zu verstehen und Probleme oder Konflikte zu benennen. »Von Rassismus betroffene Menschen«, »Opfer von
Rassismus«: Warum reichen diese Benennungen nicht aus?
Auch auf diese Frage habe ich bisher keine überzeugenden
Antworten erhalten. Welchen Erkenntnisgewinn haben wir
davon, dass aus der Schnittmenge – Minderheit und Rassismuserfahrung – eine PoC-Gruppe gebildet wird? Ich sehe das
Problem dieser Selbstbezeichnung auch darin, dass nicht alle
Migranten und nicht alle Menschen aus Minderheitengruppen trotz Ausgrenzungserfahrungen Opfer oder PoC sein
wollen.

Wenn es ums Benennen von Gruppen geht, wird es zunehmend schwierig, die richtigen Worte zu finden. Als Journalistin war es für mich früher viel einfacher, Texte zu schreiben,
ohne etwas falsch zu machen, ohne sich einer bestimmten

Gruppe zugehörig fühlende Menschen falsch zu bezeichnen und sie dadurch womöglich zu verletzen. Heute brauche ich viel länger zum Formulieren, weil ich immerzu überlege, wie ich etwas so ausdrücken kann, dass sich niemand »auf den Schlips getreten fühlt«. Früher gab es beispielsweise die Deutschen und die »Gastarbeiter«, die Deutschen und die Türken, die Deutschen und die Menschen mit Migrationshintergrund, später kamen weitere Begriffe hinzu – Menschen mit Migrationsgeschichte, mit Migrationsbezug, mit internationaler Geschichte, den neuerdings auch der eine oder andere Wissenschaftler verwendet.

Mensch mit internationaler Geschichte, eine unter anderem von den NdM empfohlene Alternative zum Migrationshintergrund,[10] passt nicht wirklich auf mich und auch nicht auf etliche andere, die von einem Land zum anderen migriert sind; wer wie ich mit acht Jahren aus der Türkei nach Deutschland gekommen ist, hat in meinem Verständnis keine internationale Geschichte. Mit international assoziiere ich etwas anderes, nämlich Menschen, die berufsbedingt in unterschiedlichen Ländern leben.

Das Bemühen um sprachliche Differenzierung drückt sich auch aus in Bezeichnungen wie etwa »Deutsch-Türke«, »türkischstämmiger Deutscher« und »türkeistämmiger Deutscher«. Jetzt wird es tricky. Denn an dem Begriff »türkeistämmig« stören sich nationalistisch gesinnte Türkischstämmige, weil er bewusst einen geografischen Bezug herstellt, um so auch Menschen einzubeziehen, die zwar aus der Türkei stammen, sich jedoch einer anderen als der türkischen Ethnie zuordnen. (Türkisch-nationalistische Deutsch-Türken machen sich gelegentlich die Mühe und schreiben mir, um ihren Ärger über meine Wortwahl loszuwerden.)

Dann gibt es auch noch Deutsche und Muslime. Was fällt bei dieser Gegenüberstellung auf? Richtig, das geht so gar nicht. Haute auch schon früher nicht hin, als es noch nicht so viele Muslime unter den Deutschen gab, weil der eine Begriff sich auf die Nationalität und der andere auf eine Religion bezieht. Weil in den Köpfen vieler Menschen – darunter auch etliche aus meinem Beruf – noch nicht angekommen ist, dass jemand beides sein kann, also Deutscher und Muslim, wird immer wieder diese Unterscheidung gemacht und als Gegensatz verbreitet. Eine Zeit lang habe ich die Artikel gesammelt und auch Rückmeldungen an Redaktionen gegeben. Mache ich nicht mehr. Kollegen fühlten sich durch solche Interventionen belehrt.

Im Sommersemester 2021 habe ich eine Umfrage unter Kursteilnehmern gemacht. Das Ergebnis: Zwei Drittel können mit dem Begriff »PoC« nichts anfangen – und das, obwohl die meisten der Kursteilnehmer per Definition sich zu dieser Gruppe zugehörig fühlen könnten. Einige, die in das PoC-Schema passen, lehnen diese »Selbstbezeichnung« ab – mit der Erklärung, damit würden sie doch genau das tun, was ein Teil der Menschen aus der Mehrheitsgesellschaft mache: in »ihr« und »wir« trennen.

Rojin, eine 19-jährige Studentin, deren Eltern aus der Türkei stammen und Kurden sind, berichtet davon, welchen Diskriminierungen sie ausgesetzt ist als »kurdisch-türkisch-alevitische Deutsche«. Beleidigungen und herablassender Umgang von Türkischstämmigen, weil sie »kurdisch« ist, von sunnitischen Muslimen, weil sie Alevitin ist, von manchen Herkunftsdeutschen, weil sie nicht deutsch sei. »Ich bin aber eine Deutsche, eine kurdisch-alevitische Deutsche«, sagt sie.

Ich bestärke sie darin, sich nicht von Zuschreibungen und Abweisungen beeinträchtigen zu lassen, sondern selbstbewusst zu ihrer Identität zu stehen. Ich spreche davon, dass Identität nicht statisch ist und wir uns kontextabhängig und in Relation zu anderen definieren. Und dass Identität etwas Fließendes ist – in Raum und Zeit.

Nach dieser Diskussion mit den Studenten und Studentinnen stelle ich fest, dass ich eine zentrale Frage erst jetzt richtig in Worte fassen kann: Wie können wir die Zugehörigkeit junger Menschen wie Rojin so stärken, dass sie sich nicht an drei Buchstaben klammern, um ihre Identität zu finden? Wie schaffen wir es, dass sie nicht Halt finden in Begriffen, die sich an negativen Erlebnissen, an Rassismus- und Diskriminierungserfahrungen orientieren?

Ich werde den Verdacht nicht los, dass ein Teil der antirassistischen Akteure Menschen wie Rojin instrumentalisiert, um die eigene Agenda durchzusetzen. Rojin, Anas, Ümit, Farid, Chaiyma und all die jungen Menschen, die immer wieder Ausgrenzungen, Demütigungen und rassistische Situationen erleben, brauchen eine andere Medizin, die ihnen beim Heilen ihrer Wunden hilft und sie nicht durch eine neue Kategorisierung ausschließt. Es heißt zwar immer, PoC sei eine empowernde Selbstbezeichnung von Menschen mit Rassismuserfahrung. Worin das Empowernde liegen soll im Sich-Abgrenzen durch drei Buchstanden, das habe ich noch nicht verstanden.

Auf einer Fortbildung für Politische Bildner und Antirassismus-Trainer habe ich eine bemerkenswerte Erfahrung gemacht: Der Zusammenhalt einer Gruppe von Menschen unterschiedlicher Herkunft und Identitätsmerkmale, die sich allein aufgrund von Ausgrenzungsmerkmalen zusammengeschlossen haben, bleibt nur so lange erhalten, solange die Gruppenmitglieder gemeinsam handeln. In dem Moment, in dem einer aus dem Kollektiv ausschert und als Individuum aktiv wird, gibt es Zoff in der Gruppe. Das Identitätsmerkmal – rassistische Erfahrung – reicht als sozialer Kitt nur bedingt aus.

Sprache verändert sich. Wir sprechen glücklicherweise nicht mehr wie vor achtzig und auch nicht wie vor fünfzig Jahren. Das ist gut! Sprache ist wichtig. Ich weiß, wie es ist, sich nicht artikulieren zu können, nicht die richtigen Worte für Gefühle und Gedanken zu haben. Ich bin keine Sprachexpertin, kluge Sätze zur Wechselwirkung von Sprache einerseits sowie Denken und Handeln andererseits überlasse ich Fachleuten. Es heißt immer wieder, Sprache schaffe Wirklichkeit. Ich kann mit so einem Satz nicht so viel anfangen, wie andere es offensichtlich können. Was ist mit Wirklichkeit gemeint? Welche Wirklichkeit? Ändert Sprache die Haltung oder ändert Haltung die Sprache? Was nützt es, die Sprache dem politischen Diskurs anzupassen, wenn dies nicht der inneren Haltung entspricht?

Sprache schließt ein und schließt aus. Ausländer. Türkenkinder. Asylant. Flüchtling. Benannter. Benennende. Ist aber nicht auch die Unterscheidung von Benannte und Benennende Ausgrenzung? Weil ich dann doch auch eine Gruppe bilde (die der Benennenden) und aus dieser Position heraus eine andere Gruppe konstruiere. Menschen, die »weiß« sind etwa, als Benennende, und alle anderen als Benannte (die mit dunkler Haut, die asiatisch aussehen, die als Muslime »gelesen werden« und, und, und). Wieder eine Dichotomie.

Das triggernde Wort

Als Studentin im zweiten Semester begann ich, mich eingehender mit der deutschen Nachkriegsgeschichte zu beschäftigen. Den Namen Heinrich Lübke hörte ich erstmals um das Jahr 1986 herum. Über den ehemaligen Bundespräsidenten sprachen wir in einem Seminar – seine verbalen Fehltritte sorgten für Erheiterung. »Sehr geehrte Damen und Herren, liebe Neger«, soll er während eines Staatsbesuchs in Liberia gesagt haben. Eine dämliche Begrüßungsrede, über die ich nur den Kopf schüttelte. Dass das N-Wort als herablassend und rassistisch wahrgenommen wird, davon hatte ich als junge Studentin noch keine Ahnung. Und erst jetzt, während der Recherchen zu der Frage, ob und welche Konsequenzen dieser Tritt ins Fettnäpfchen hatte, erfahre ich, dass Lübke diesen Satz nie gesagt hat.

Es gibt dafür keine Belege, lese ich in *DIE ZEIT* vom 27. März 2002. In der Kolumne »Stimmt's?« mit dem Titel »Lübke und die Neger«[11] schreibt der Wissenschaftsjournalist Christoph Drösser: »Ich habe das Bundespräsidialamt angerufen, mit Heinrich Lübkes Biografen gesprochen, mehrere Rundfunkarchive durchforsten lassen und Afrikaexperten befragt. Ergebnis: Jeder kennt das Zitat, die meisten hätten es Lübke auch zugetraut, es wird sogar genau datiert auf einen Staatsbesuch in Liberia im Jahr 1962 – aber es gibt keinen Beleg dafür!« Belegt sein soll hingegen, dass er über die Bewohner von Madagaskar sagte: »Die Leute müssen ja auch mal lernen, dass sie sauber werden.«[12] Noch so ein dämlicher Satz, und diesen hat er tatsächlich gesagt. War Lübke also ein Rassist? Das fragte sich Drösser damals auch schon. Und kommt zu dem Schluss, dass er es nicht war.

Im Jahr 2002 konnte in einer überregionalen Wochen-zeitung noch in der Überschrift das Wort vollständig ausge-schrieben erscheinen, ohne dass es Empörung auslöste. Of-fensichtlich ist bisher nicht aufgefallen, dass diese Überschrift weiterhin in der Online-Ausgabe zu lesen ist. Im gedruckten Medium würde es heute bestimmt nicht als Überschrift und im Fließtext wohl nur noch als »N-Wort« auftauchen. Entwe-der, um nicht mit Kritik bombardiert zu werden, oder weil die Redakteure selbst davon überzeugt sind, dass das Wort nicht einmal zitiert zum Vokabular gehört.

Wie wohl der Autor der Kolumne heute dazu steht? Drös-ser geht seit 1997 in der *ZEIT* den Fragen von Lesern nach, warum sollte er nicht auch meiner Frage nachgehen. Ich schreibe ihm eine E-Mail: »Gerne wüsste ich von Ihnen, ob Sie heute auch mit dem Titel Ihrer Kolumne einverstanden wären beziehungsweise ein Veto einlegen würden, wenn die Redaktion das Wort ›Neger‹ nicht mehr im Titel verwenden will?« Kaum ist die E-Mail abgeschickt, erhalte ich auch schon eine Antwort »Ja, gute Frage!«, schreibt der Kollege zurück. Der Artikel sei ja fast zwanzig Jahre alt, und seitdem habe sich die Sensibilität in Deutschland gegenüber diesem Wort erheblich gewandelt. In der Tat! »Zudem lebe ich seit einigen Jahren in den USA, und hier gibt es natürlich noch ganz an-dere Empfindlichkeiten (zumal das amerikanische ›N-Wort‹ noch viel mehr rassistisch aufgeladen ist als das deutsche Wort ›Neger‹, das eigentlich eher veraltet ist – so wie man hier in den USA auch nicht mehr ›negro‹ oder ›colored‹ sagt). Ant-wort also: Ich würde das Wort in der Überschrift nicht mehr benutzen, schon um Missverständnisse zu vermeiden und Menschen nicht zu verletzen (denn ich bin der Auffassung, dass die Verletzten darüber entscheiden, ob etwas verletzend ist oder nicht). […] Würde ich die Leserfrage heute in meiner Kolumne aufgreifen, hätte ich keine Probleme, das Wort auch zu schreiben, es geht hier ja ausdrücklich um eine historische Recherche. Und da fände ich es albern, würde man das Wort, um das es geht, ständig umschreiben.«

Ob, wann und wie das Wort gebraucht werden sollte und darf: Darüber herrscht immer wieder erbitterter Streit in Deutschland. Es hat inzwischen ein so hohes Konfliktpotenzial, dass es nicht mehr möglich ist, sachlich zu diskutieren. Das Jahr 2021 beschert Politikern und anderen Prominenten einen Skandal nach dem anderen, weil sie das Wort ausgesprochen oder geschrieben haben, provokativ, wie etwa der Tübinger Oberbürgermeister Boris Palmer, oder unbedacht, wie seine Parteikollegin Annalena Baerbock. Die Reaktionen auf Personen, die das Wort ausschreiben – vom Shitstorm bis zum Parteiausschlussverfahren gegen Palmer – verdeutlichen den Kampf um Deutungshoheit. Wer darf bestimmen, ob und was wann gesagt werden darf?

Das Argument, sich als Schwarzer verletzt zu fühlen, ist für manche Referenz dafür, dass das Wort nirgendwo mehr ausgeschrieben auftauchen oder ausgesprochen werden soll. Egal, in welchem Sinnzusammenhang das geschieht. Andere stören sich daran, dass es keinen Maßstab für den Grad des Verletztseins gibt, um Begriffe grundsätzlich aus dem Sprachgebrauch zu verbannen.

Täglich gibt es neue »Verstöße« gegen das ungeschriebene Gesetz, das kontaminierte Wort nicht zu verwenden, und immer wieder einen Vorstoß, es aus dem Sprachgebrauch, aus Büchern, aus Zitaten und ja, auch aus Ortsschildern zu verbannen.

Ende Juli tritt Kanzlerkandidatin Annalena Baerbock ins Fettnäpfchen. In einem Interview mit dem Zentralrat der Juden erzählt sie davon, dass sich ein Schüler aus ihrem Bekanntenkreis geweigert habe, ein Arbeitsblatt zu bearbeiten, auf dem in einer Aufgabe das N-Wort ausgeschrieben war. Das Problem: Die Grünen-Chefin spricht dabei das Wort aus. Das sei ihr erst später bewusst geworden, erklärt Baerbock kurze Zeit später in einem Tweet und entschuldigt sich dafür. »Leider habe ich in der Aufzeichnung des Interviews in der emotionalen Beschreibung dieses unsäglichen Vorfalls das N-Wort zitiert und damit selbst reproduziert. Das war falsch und das tut mir leid.«[13] Die Passage aus dem Interview veröffentlicht sie mit einem Piepton an entsprechender Stelle. Sie wisse um den rassistischen Ursprung dieses Wortes und die Verletzungen, die Schwarze Menschen unter anderem durch ihn erführen.[14] Baerbocks Fehlleistung ist ein gefundenes Fressen für die Medien. Für Deutschlandradio Kultur ist es sogar ein »Dammbruch«.[15]

Mittlerweile könnte dank medialer Berichterstattung jeder mitbekommen haben, dass das N-Wort kein neutraler Begriff ist. Verstehen aber alle, warum das so ist? Es bedeute nichts anderes als Schwarz, erklären die, die es ungehemmt benutzen, und auch die, die das Wort zwar nicht schlimm finden, aber des Anstands willen nicht verwenden. Das Wort war aber nie ein neutraler Begriff. »Neger« lässt sich zwar etymologisch auf Schwarz im Französischen (*nègre*) und Spanischen (*negro*) zurückführen, diese beiden Begriffe wiederum beziehen sich auf das Lateinische *niger* (schwarz). Schon in seiner Entstehungszeit wurde das Wort im Kontext des Sklavenhandels verwendet.

Während in sozialen Netzwerken die Fronten klar sind, ist es in der realen Welt noch ein bisschen anders, wie ich über private und berufliche Kontakte mitbekomme. Unter Schwarzen Menschen scheint es keinen *common sense* darüber zu geben, ob das N-Wort grundsätzlich aus der Sprache zu verbannen sei. Ich bin irritiert ob des unterschiedlichen Toleranzspektrums. Ein Bekannter erzählt mir, mit dem N-Wort angesprochen zu werden bereite ihm kein grundsätzliches Problem. Mich interessiert seine Perspektive als Schwarzer Hanauer. James ist Ende vierzig und Sohn eines US-amerikanischen Schwarzen, der als Soldat hier stationiert war, und einer deutschen Mutter. Ein paar Tage später sitzen wir bei mir im Garten, trinken Mineralwasser mit frischer Minze, und ich checke diesmal, wie ich es nunmehr immer mache, die Fettnäpfchen, in die ich treten könnte. »So, James, jetzt erklär mir doch bitte noch mal in Ruhe, wie du es mit dem N-Wort hältst?«, frage ich ihn und spreche das Wort tatsächlich so aus, wie es im Satz steht.

»Mir sind die Leute vom Schützen- oder Fußballverein, die das Wort aussprechen und grundgute Menschen sind, viel sympathischer als all die aus den Chefetagen, die wissen, wie sie sich auszudrücken haben und ihre Verachtung auf ganz andere Weise ausleben«, sagt James. Hm. Eine meiner Studentinnen (ihre Eltern sind aus einem afrikanischen Land geflüchtet und sie ist hier geboren) ist beim Gespräch mit James dabei. Wie würde sie auf die Leute vom Schützen- und Sportverein reagieren? Sie vertritt eine ganz andere Position als er. Sie sagt, dass sie in ihrer Gegenwart das Aussprechen des Wortes nicht dulde, egal in welchem Kontext. »Ich stehe auf und gehe.« Ist es sinnvoll, alles auf sich zu beziehen?, frage ich mich, aber nicht meine Studentin in diesem Gespräch.

Zweifelsohne sollten sich alle, auch die unbedarften Menschen mit dem Herz am rechten Fleck, nicht rassistisch, diskriminierend und verletzend artikulieren. Natürlich ist es wichtig, dass wir auf unsere Sprache und Wortwahl achten und bestimmte Wörter nicht verwenden, wenn wir nette und freundliche Menschen sein und bleiben wollen. Wir sollten uns aber den Debatten um Worte nüchterner widmen als bisher und auch der Frage, ob ein Mittel gegen Verletzungen ist, unliebsame und historisch belastete Worte und Begriffe grundsätzlich aus dem Wortschatz zu löschen.

Dass Menschen sich durch das N-Wort herabgesetzt, missachtet und verletzt fühlen, ist nachvollziehbar. Dass es ein absolutes No-Go ist, das triggernde Wort in der direkten Ansprache zu verwenden: Da gibt es nichts zu diskutieren. Warum aber soll es aus literarischen Texten und Zitaten gelöscht werden? Warum nicht verwendet werden, wenn aus antirassistischer Perspektive auf das Wort direkt Bezug genommen wird?

Ein Argument, das immer wieder fällt: Man reproduziere Rassismus auch dann, wenn man das Wort im Sinne des Antirassismus verwende. Ich lasse das mal so stehen. Das Wort zu hören oder zu lesen sei schmerzhaft, wenn es Weiße verwenden, erklären Schwarze. Was ich noch nicht verstanden habe: Wenn es untereinander ausgesprochen wird und das Wort nicht triggert, weil man um die Absicht wisse und den Kontext berücksichtige, warum funktioniert diese Differenzierung nicht, wenn es Nicht-Schwarze kontextbezogen verwenden? Das ist eine ernst gemeinte Frage.

Wenn Wortführer in Rassismus-Debatten erklären, Weiße hätten eine »Obsession« für die Verwendung dieses Wortes und sollten es grundsätzlich nicht verwenden, dann entstehen neue Ressentiments. Was diskriminierungsbewusstes und rassismuskritisches Sprechen und Handeln betrifft: Trifft Hypersensibilität auf Ignoranz oder Trotz, dann gibt es kein Vorankommen. Wir brauchen eine sachliche, ernsthafte Diskussion darüber, wann es erforderlich und sinngebend ist, das Wort nicht mit Piep zu übertönen oder es auf »N« zu reduzieren. Vor lauter Verfremdung versteht man am Ende nicht mehr, worum es gehen soll, worüber man liest oder worüber gesprochen wird.

Ein schöner Traum: Mit dem Löschen von Wörtern aus dem Vokabular löschen wir rassistische Gedanken aus den Köpfen. Der Elefant ist aber im Raum, ob wir ihn benennen oder nicht. Jeder, der ein wenig in sich geht, dürfte das kennen: Hässliche Gedanken bleiben auch dann, wenn sie nicht ausgesprochen werden. Sie beeinflussen vor allem dann unser Verhalten, wenn wir ihnen nicht auf den Grund gehen.

Was Verletzungen anbelangt: Ist es grundsätzlich nicht möglich, den Zusammenhang der Kommunikation mitzudenken? Wenn das Wort schon allein dadurch, dass es geschrieben oder ausgesprochen wurde, triggert und verletzt, dann ist das ein sehr ernsthaftes Problem. Lässt sich dieses Problem wirklich dadurch lösen, dass das Wort verbannt wird?

Als Journalistin und als Dozentin möchte ich in fremde Rede nicht eingreifen und beim Zitieren nicht zensieren oder den Inhalt verfälschen. Wir kommen auch nicht weiter, wenn wir auf Menschen losgehen, die das Wort aus Unbedarftheit aussprechen oder um zu provozieren. Und schon gar nicht, wenn wir Politiker durch Hashtag-Politik dazu bringen, sich zu entschuldigen, weil sie beim Benennen des Problems das Triggerwort verwendet haben.

Was ich beobachte: Die unsachliche und undifferenzierte Debatte wie auch der auf Emotionen fokussierte Streit um Wörter füttert Ressentiments und strapaziert die Empathie.

Aktionismus

Auf die Verwendung des N-Wortes reagieren Menschen, die es betrifft, wie bereits erwähnt, sehr unterschiedlich. Manche machen es durchaus vom Kontext abhängig und stehen auch dann darüber, wenn das N-Wort in provozierender Absicht ausgesprochen wird, andere nutzen die Situation für eine aktivistische Intervention.

Bis vor nicht allzu langer Zeit konnte man soziale Netzwerke wie Instagram, Twitter und Co. als Paralleluniversen abtun und sich den wirklich wichtigen Dingen im Leben widmen. Mittlerweile haben Aktivitäten in sozialen Netzwerken auch dann Einfluss, man diese selbst ignoriert – wie etwa der Soziologe und Sozialpsychologe Harald Welzer. Wer welche Meinung über ihn in »Direkt-Medien« in Umlauf bringe, sei ihm »völlig Wumpe«, erklärte er Ende Juni 2021 in einer *Phoenix*-Gesprächsrunde, in der es um Meinungsfreiheit ging.[16] Es mag sein, dass man sich den Debatten und Attacken entziehen kann, wenn man in einer Position wie Welzer ist. Für viele bleibt die Hashtag-Politik aber nicht folgenlos; sie haben nicht die Wahl zu ignorieren, was in den sozialen Medien verbreitet wird, weil es auf sie ganz persönlich Auswirkungen hat.

Soziale Medien sind für Aktivisten unterschiedlicher politischer Ausrichtungen »das« Medium. Es gibt gut organisierte rechte Gruppen, die im Netz gezielt rassistisch unterwegs sind und einzelne Personen mit Hassbotschaften überschütten, beleidigen, beschimpfen und an den Pranger stellen. Nur ein paar Zeilen auf einem der Kanäle reichen, um das »Gleichgewicht der Welt« aus dem Lot zu bringen. Die Wechselwirkungen von sozialen Medien auf einzelne Personen, auf die Gesellschaft und die Politik wurden bereits sehr gut untersucht. Wer sich damit eingehender beschäftigen möchte, findet eine Reihe von hervorragenden Analysen.

Der Zusammenhang von sozialen Medien, Rassismuskritik, Empörungswellen, Aktivismus und ihren Auswirkungen im realen Leben ist allerdings nicht weniger besorgniserregend. Jemand, der nicht dem erwünschten Verhalten und der erwünschten Sprache entspricht, wird schnell zur Zielscheibe. Wie hitzig der Kampf um Worte und um Deutungshoheit geführt wird, spiegelt sich nicht nur in der Politik, auf Theaterbühnen oder in der Auseinandersetzung mit Literatur, sondern auch im Alltag – wie etwa in einer Aldi-Filiale in Berlin-Neukölln. Dort gerieten im April 2021 Kunden aneinander, der Streit führte unter anderem zur Kündigung des Filialleiters. An diesem Vorfall, über den ich mit Studentinnen und Studenten intensiv diskutiert habe, lassen sich exemplarisch die verhärteten Fronten und die Auswirkungen im Alltag verdeutlichen.

Mehrere Medien berichteten über die Auseinandersetzung im Geschäft: Ein Kunde fragt seinen Sohn, ob sie sich heute nicht »Negerküsse gönnen« sollten. Daraufhin eskaliert die Situation, denn diese Frage stellt der Kunde just, als sich ihm ein anderer Kunde nähert. Was genau in dieser Situation passierte, ist nicht ermittelbar. Was aber nach dem Satz mit dem N-Wort passierte, hat der Kunde – ein Schwarzer – mit seinem Handy gefilmt und kurze Zeit später als Video auf seinem Instagram-Kanal geteilt – zusammen mit einer Stellungnahme.[17] Zur Einordnung des Vorfalls: Bei dem Kunden handelt es sich um Prince Ofori, einen Berliner Künstler und Antirassismus-Aktivisten.

Aus dem knapp dreieinhalb Minuten langen Video geht hervor, dass Ofori interveniert. Er weist den Kunden auf den Wortgebrauch hin: dass es »Negerküsse« nicht mehr gibt und dass dieser Begriff rassistisch ist. Es folgt eine laute verbale Auseinandersetzung, in deren Verlauf der Kunde sagt, dass er es sich nicht verbieten lasse, das Wort zu benutzen: »Das hat immer so geheißen.« Sodann werden Kartons geworfen und am Ende Ofori aus dem Geschäft verwiesen.

In einem Social Media-Post beschreibt Ofori die Abläufe so: »Als ich einen älteren weißen Herrn bemerkte, der mich ansah und für mich deutlich spürbar überlegte, ob er aussprechen sollte, was er in dem Moment dachte. Er hatte Schokoküsse in der Hand und fragte daraufhin seinen Sohn, ob sie sich heute nicht ›N…küsse‹ gönnen sollten. Als ich nicht reagierte, legte er noch weitere zwei Male nach, indem er weitere Formulierungen fand, in denen das Wort N…küsse vorkam. Ich ging daraufhin auf ihn zu und fragte ihn, was das solle und ob er nicht wisse, dass dieses Wort nicht mehr genutzt werden darf. Er erwiderte, dass er sich ›den Mund nicht verbieten‹ lasse und dass man ›bei uns das Wort 70 Jahre lang verwendet‹ hatte. Schließlich kam der Filialleiter dazu und redete ebenso auf mich ein, dass ich das nicht zu ernst nehmen und mich nicht aufregen solle. Das war der Moment, in dem ich sauer wurde. […] Ich nahm kurzum mein Handy aus der Tasche und fing an zu filmen, da ich dachte, das würde mir sonst niemand glauben. […] Abgesehen davon, dass es für mich ein schmerzhaftes und unvergessliches Erlebnis bleibt, muss ich aufstehen und das mit meinen Brüdern und Schwestern, mit euch teilen und fordere daher: eine aufrichtige Entschuldigung, eine angemessene Entschädigung, ein bundesweites Antirassismus- und Antidiskriminierungstraining zur Sensibilisierung für strukturellen und Alltagsrassismus alle Aldi-Mitarbeiter*innen, Entlassung des Filialleiters und des Security Mitarbeiters.«[18]

Dieser Vorfall hatte laut Medienberichten zur Folge, dass dem Filialleiter gekündigt wurde. Auf Nachfrage bei der Aldi-Pressestelle erhielt ich eine Woche später, am 5. Mai, eine Bestätigung. »Die Unternehmensgruppe ALDI Nord spricht sich unmissverständlich gegen Rassismus und Gewalt aus. Wir schätzen die Vielfalt unserer Kolleginnen und Kollegen genauso wie die unserer Kundinnen und Kunden. Rassismus zerstört Vielfalt. Er vergiftet unser gesellschaftliches Klima, in dem es in der aktuellen Situation mehr denn je auf Zusammenhalt ankommt. Uns ist es wichtig, dass sich jeder Mensch bei uns wohl und willkommen fühlt. Wir haben den Kunden kontaktiert, uns bei ihm entschuldigt und möchten gerne mit ihm persönlich über den Vorfall sprechen. Uns ist aber auch bewusst, dass eine Entschuldigung allein nicht reicht. Die Ereignisse in unserem Markt in Berlin werden aufgearbeitet, um weitere Schlüsse daraus ziehen zu können. Als ersten Schritt haben wir uns von dem im Video handelnden Mitarbeiter aufgrund seines Fehlverhaltens getrennt. Wir alle bei ALDI sind Vielfalt. Menschen aus mehr als achtzig Nationen arbeiten bei uns. Daher werden wir Rassismus nicht tolerieren – weder aus den eigenen Reihen noch in der Gesellschaft.«

Weil die Antwort zu allgemein war, hakte ich nach – unter anderem zu der Frage, ob es Hinweise darauf gebe, dass es sich bei der Verwendung des N-Worts um eine Provokation gehandelt haben könnte und ob ein Unternehmen wie Aldi nicht hätte anders als mit einer Kündigung Haltung gegen Rassismus zeigen können. Diesmal erhielt ich noch am selben Tag eine Antwort: »Seien Sie sicher, dass der Vorfall in Berlin für uns hohe Relevanz hat und dass für Diskriminierung und Rassismus in unserer Unternehmenskultur kein Platz ist. Bei uns arbeiten Kolleginnen und Kollegen aus rund achtzig verschiedenen Nationen und bilden die große ALDIaner-Familie. Zum Hergang in Berlin haben wir umgehend und eindeutig Haltung gezeigt und kommuniziert. Ich muss Sie aber um Verständnis dafür bitten, dass die weitere interne Aufklärung des Vorfalls eben auch intern bleiben wird. Auch zum Schutz unserer Mitarbeiter.

Erlauben Sie mir noch die Bemerkung, dass es keine Hinweise darauf gibt, dass die Erwähnung des N-Worts seitens unseres Kunden eine vorsätzliche Provokation gewesen ist.«

Mich hat weder die erste noch die zweite Antwort von Aldi zufriedengestellt. »Kein Platz für Diskriminierung und Rassismus«: Das ist das Mindeste, was von einem so großen Unternehmen wie Aldi erwartet werden kann. Und das nicht nur, weil sowohl zu den Mitarbeitern als auch zu der Kundschaft Menschen gehören, die in diesem Land diskriminiert werden und rassistische Erfahrungen machen. Die Frage, um die es grundsätzlich in Unternehmen gehen muss, ist der Umgang mit diesen Problemen. Wie kann ein Unternehmen sich glaubwürdig positionieren und tatsächlich etwas zum diskriminierungssensiblen Umgang von Mitarbeitern untereinander und mit Kunden beitragen? Schulungen? Mitarbeiter feuern?

Das auf Instagram geteilte Video, Oforis Kommentar dazu

und die Medienberichte verwendete ich im Sommersemester als Material für Lehrveranstaltungen an der Hochschule Darmstadt. Sie boten die Grundlage für Diskussionen mit Studentinnen und Studenten, die an meinen Kursen zu Medienkompetenz und Migrationsgesellschaft teilnehmen. Wir gingen zunächst der Frage nach, ob das N-Wort im Beisein von Ofori in provozierender Absicht verwendet worden sein könnte. Wenn ja, wie Ofori darauf hätte reagieren können. Während die einen meinten, dass Ofori richtig gehandelt habe und man sich Alltagsrassismus nicht gefallen lassen dürfe, waren andere der Ansicht, er hätte es ignorieren sollen, zumal das Wort ja im Zweiergespräch gefallen und nicht an ihn gerichtet worden sei. Das leiteten die Studenten aus den Gesprächen im Video ab. Zu hören ist, wie ein Kunde sagt: »… wenn er sich angesprochen fühlt.«

In der nächsten Diskussionsrunde beschäftigten wir uns mit der Frage, wie der Konflikt hätte vermieden werden können. Während die einen der Ansicht waren, dass Ofori sich nicht hätte angesprochen fühlen und einfach weitergehen sollen, meinten andere, der Filialleiter hätte deeskalierend eingreifen müssen. Die Studentinnen und Studenten nahmen die Szenen im Video als sehr aufgeladen wahr; alle Beteiligten hätten aus dem Affekt heraus gehandelt und sich dadurch gegenseitig hochgeschaukelt. Dass Ofori filmte, fanden schließlich auch die Studenten und Studentinnen, die seine Reaktion anfangs befürwortet hatten, nicht in Ordnung. Das Filmen habe die Situation erst recht aufgeheizt.

In einer dritten Runde diskutierten die Kursteilnehmer darüber, ob Ofori mit dieser Intervention die Kunden in der Aldi-Filiale für Rassismus sensibilisiert und ihnen verständlich gemacht habe, warum das N-Wort nicht verwendet werden sollte. In dieser Frage waren sich alle einig: »Nein, hat er nicht.« Ich bat die Kursteilnehmer, einen fiktiven Brief an Ofori zu schreiben. Hier einige Ausschnitte aus den Texten:

Lucas schrieb: »Selbstverständlich ist Antirassismus-Arbeit zu betreiben heutzutage immer eine gute Sache. Ebenfalls finde ich es richtig, diese Reichweite (Instagram) zu nutzen und eine Message an die jüngeren Generationen zu überbringen. Jedoch ist natürlich die Frage, wie diese Message überbracht wurde und wie die Situation abgelaufen ist. Ich bin der Meinung, dass sie teilweise überreagiert haben und den Laden ziemlich aufgemischt haben.«

Tamin schrieb: »Ich empfand Ihr Video, welches Sie auf Ihrem Instagram-Account hochgeladen haben, eher als ein Eigentor anstatt als Aufklärungsarbeit im Kampf gegen Rassismus. Zum einen, weil Sie mitten im Gespräch das Smartphone auspacken und anfangen, die Menschen drum herum zu filmen, und ihnen emotionsgeladen Vorwürfe an den Kopf schmeißen. Das Video selbst hat keinen Anfang und kein Ende, der neutrale Zuschauer wird in eine Situation geschmissen, die er gar nicht beurteilen kann. Weder weiß man, ob Sie versucht haben, sachlich mit dem Kunden zu diskutieren/ihn zu belehren, noch, ob Sie in Rage auf ihn eingeredet haben. Natürlich wird Ihnen bewusst gewesen sein, dass dies eine große Aufmerksamkeit generieren würde, aber das Problem des Rassismus löst es leider nicht, dessen waren Sie sich mit Sicherheit bewusst. Auch das Belehren von Kunden im Supermarkt ist eine komplizierte Angelegenheit, denn Belehrungen wirken auf viele Menschen eher befremdlich, und sie agieren auch dementsprechend defensiv.«

Jonas schrieb: »Ich persönlich bin der Meinung, dass Sie zu keinem Zeitpunkt Platz für ein wirkungsvolles Gespräch gelassen haben, sondern viel zu sehr vorgeprescht sind und ihre Gegenüber in eine defensive Haltung zwangen. Die Kamera, die heutzutage in jeder Streitigkeit gezückt wird, finde ich hochgradig peinlich, aber das gilt nicht nur für Ihre Seite, auch für die anderen Beteiligten, die ja auch zu filmen begannen. Abgesehen davon, ob die Leute den Ausdruck nun wirklich provokativ gegen Sie einsetzten oder nicht, frage ich mich, was Sie sich wirklich in dieser Situation erhofft haben. Ein plötzlicher Sinneswandel der Beteiligten wird es ja wohl nicht sein. […] Um noch mal auf die Perspektive des Leiters einzugehen, was denken Sie, haben Sie hier erreicht? Hat der Mann richtig gehandelt? Gewiss nein, wahrscheinlich war er aber zuvor auch noch nie in einer solchen Situation. Ist er ein Rassist? Kann sein, kann aber auch einfach sein, dass Sie in seinem Laden ohne Maske standen und andere Kunden filmten und verbal angingen. Wird sich seine Haltung nach dem Verlust seines Jobs ins Positive ändern? Definitiv nicht, Herr Ofori.«

Sinan schrieb: »Ich muss sagen, dass ich Ihre Reaktion zwar verstehen kann, allerdings finde ich sie nicht gut. Niemand kann anhand dieses Videos die Situation richtig einschätzen, erkennen, was vorher passiert ist und wie und wann die Situation so eskaliert ist. […] Zudem versetzen Sie sich mal in die Lage des Filialleiters: Dieser hat in der Situation falsch reagiert, hat aufgrund des öffentlichen Drucks seine Arbeit verloren. Aufgeklärt haben Sie ihn nicht, sondern wahrscheinlich ihn in seinen rassistischen Ressentiments (egal wie ausgeprägt diese waren) eher bestätigt.«

Alessia schrieb: »[…] Im besten Fall kann man Menschen auf etwas aufmerksam machen, indem man ihnen zeigt, welche Auswirkungen dieses Verhalten gegenüber bestimmten

Gruppen hat. Sobald man Menschen nur auf ihre Fehler hinweist oder Menschen sogar einschränkt in ihrer Freiheit, blocken diese ab. Das Verhalten vom Filialleiter ist ebenfalls nicht zu entschuldigen. Wäre ich der Filialleiter gewesen, hätte ich versucht, die Situation zu schlichten, indem ich alle Beteiligten gebeten hätte, den Laden zu verlassen. Zudem war die Reaktion von Aldi auf das Fehlverhalten vom Filialeiter durchaus berechtigt, jedoch, finde ich, ist das Thema damit nicht erledigt. Gerade Konzerne wie Aldi und Co. sollten gezielt auch für die Zukunft Maßnahmen einführen, die genau solche Situationen eindämmen. Ein Beispiel dafür sind Schulungen für alle Mitarbeiter*innen zum Thema Diversity und Rassismus oder Schulungen, die helfen sollen, mit gewissen Konflikten zurechtzukommen.«

Weitere Stimmen: »Als Außenstehender hat man nie die Möglichkeit, komplett über solch eine Situation zu urteilen, denn man hat sie nicht selbst mitbekommen. Natürlich ist es richtig und wichtig, diesen Alltagsrassismus an die Öffentlichkeit zu bringen. Glauben Sie jedoch, dass die älteren Menschen aus dem Video nach Ihrem Vorfall ihre Meinung gegenüber Schwarzen geändert haben und in Zukunft Schokoküsse sagen werden, anstatt das N-Wort zu benutzen? Höchstwahrscheinlich nicht, da, wenn man so darauf reagiert, deren Meinung nur bestätigt wird. Und genau dies ist das Problem dahinter.« »Glauben Sie, der Filialleiter, dem wegen Ihres Vorfalls gekündigt wurde, hat seitdem seine Ansichtsweise geändert? Ganz sicher nicht. Dieser wird in Zukunft selbstverständlich weiter seine Meinung vertreten, da er genau deswegen seine Position bei Aldi verloren hat.«

Interventionen bei rassistischen Entgleisungen im öffentlichen Raum sind wichtig und erforderlich. Schlimm genug, dass in diesem Fall ein Schwarzer offen und bewusst provoziert und gedemütigt wird und niemand von den Umstehenden Partei ergreift. Allerdings sollte die Form gut durchdacht sein. Ich habe mich gefragt, wie ich in einer ähnlichen Situation reagiert hätte. In ein Zweiergespräch, wie ich es den Wortbeiträgen im Video entnehme, hätte ich mich wohl nicht eingemischt. Ein Kunde, der mit seinem Sohn spricht und das N-Wort benutzt, während ich vorbeigehe: Ja, das würde ich auch als provokativ wahrnehmen. Letztlich ist es aber eine kommunikative Interaktion zwischen zwei mir fremden Personen. Interveniert hätte ich, wenn der Kunde einen anderen Kunden direkt mit dem N-Wort angesprochen hätte. Ich denke, dass ich auf diese Person zugegangen und ihr in einem ruhigen Ton gesagt hätte, dass es nicht in Ordnung ist, einen Menschen so anzusprechen.

Zurück zur Lehrveranstaltung: Die Studentinnen und Studenten diskutierten sehr intensiv miteinander und waren sich am Ende einig, dass Aldi dem Filialleiter nicht sogleich hätte kündigen, sondern ihm noch eine Chance geben sollen. Menschen in diesen Positionen sollten Kommunikationstrainings und Schulungen in Konfliktmanagement erhalten, es sollte mehr über rassistisches Handeln und Sprechen aufgeklärt werden, auch darüber, warum das N-Wort nicht verwendet werden sollte.

Den Vorfall in der Aldi-Filiale kommentierte ich gegenüber den Kursteilnehmern so: »Belehrung kommt gegen Erfahrung nicht an.« Der Satz stammt vom Soziologen und Erziehungswissenschaftler Wilhelm Heitmeyer, der 1996 das

Institut für interdisziplinäre Konflikt- und Gewaltforschung in Bielefeld gründete und bis 2013 geleitet hat. Wer nur für eine Sekunde in sich hineinhorcht und sich selbst nichts vormacht, wird sich eingestehen können: In dem Moment, in dem wir uns belehrt fühlen, schalten wir innerlich auf Durchzug.

Zu einer weiteren Erkenntnis gelangten die Studentinnen und Studenten: Der antirassistische Aktionismus von Ofori hat auch was Gutes. Sein Video und die weiteren Dokumente führten in den Kursen zu einer intensiven Diskussion über eine Intervention im öffentlichen Raum.

Und an den Aldi-Konzern richten die Studentinnen und Studenten auch noch eine Botschaft: Statt aus Sorge vor Kundenboykotts dem Filialleiter zu kündigen, hätte das Unternehmen sich klar positionieren können. Und zwar indem man den Vorfall zum Anlass nimmt, sich bei Herrn Ofori zu entschuldigen und allen Aldi-Mitarbeitern Konfliktmanagementkurse anzubieten. In der Frage, ob es auch Antirassismus-Workshops geben sollte, wurden sich die Kursteilnehmer nicht einig. Dies wohl auch, weil ich zuvor darüber gesprochen hatte, dass es keine standardisierten, auf konkrete Ziele geprüften und auf ihre positive Wirkung evaluierten Angebote gibt.

Mein Antirassismus ist auch dies: Mit Studentinnen und Studenten anhand konkreter Fälle ins Gespräch kommen, sie miteinander diskutieren lassen und intervenieren, wenn ich den Eindruck habe, dass die Diskussionen zu emotional geführt werden.

Schubladendenken

Im Frühjahr 2021 habe ich erstmals Urlaub in der Schweiz gemacht, genauer: in den Bergen oberhalb von Appenzell. Mit dabei war Stiefsohn Max. Er ist bald 23 Jahre alt und studiert Philosophie – nicht nur das, er philosophiert auch gerne. Für dieses Fach hat er sich nach dem Freiwilligendienst in Indien entschieden. Zehn Monate lang arbeitete er an einer Schule für Kinder von Wanderarbeitern, zwei Monate reiste er durch das Land. Nach diesem Auslandsjahr gab der Sohn seinen Plan auf, Medizin zu studieren.

Wir wandern zu einer bewirtschafteten Hütte auf 1200 Metern Höhe, passieren blühende Wiesen, auf denen Bienen summen und glockenbehangene Kühe grasen, und wir begegnen immer wieder anderen Wanderern. Älteren Paaren, Familien mit Kindern, jungen Leuten, allein oder zu zweit wandernden Menschen. Alle sind unglaublich freundlich. Niemand geht vorbei, ohne zu grüßen. Mal bekommen wir »Grüazi«, mal »Grüezi miteinand«, dann wieder »Grüazi zämma« zugerufen; so geht's die ganze Zeit. Ich bin diesen Gruß so gar nicht gewohnt. »Grüezi miteinand« geht mit schwer über die Lippen. Trotzdem: Die Grüße all der freundlichen Menschen möchte ich erwidern, also bemühe ich mich, »Grüezi« so auszusprechen, wie es all die anderen tun.

Auf dem Weg zur Hütte kommen uns zwei Männer entgegen, einer von ihnen ist ein Schwarzer. Die beiden gehen an uns vorbei, der Schwarze Mann sagt: »Grüezi miteinand« – und das mit einem tiefen Schweizer Akzent. Was würde Ihnen wohl in dieser Situation ganz spontan durch den Kopf gehen? Überlegen Sie ruhig einen Moment.

In der Zwischenzeit verrate ich Ihnen zunächst, was mich beim Schreiben dieses Textes beschäftigt, und danach, was mir bei der Begegnung in den Bergen durch den Kopf gegangen ist. Ich bin übrigens unsicher. Welche Formulierung sollte ich beim Weiterschreiben verwenden: Schwarzer oder ein Mann mit dunkler Haut? Wäre für das, was in meinem Kopf vor sich ging, die Hautfarbe irrelevant, würde ich es gar nicht erwähnen. Das ist es aber nicht. Schwarzer zu schreiben fällt mir jedoch schwer. Denn der Mann war ja nicht schwarz, sondern hatte dunkle Haut. Keine gebräunte Haut, sondern dunkel von Natur aus. Es gibt eine Wechselbeziehung zwischen Bezeichnungen und Vorstellungen. Bei »Schwarzer« denken wohl die meisten nicht an jemanden, der im Bräunungsstudio oder zu lange in der Sonne war, bei einem »Mann mit dunkler Haut« ist nicht auszuschließen, dass er nachgeholfen hat mit Solarium oder Sonne. Oder irre ich mich?

Ich merke, dass es wirklich schwierig ist, etwas zu beschreiben, ohne auf rassistische Stereotype zurückzugreifen. Hätte ich diesen Text verfasst, bevor ich mit meiner Freundin Katharina sprach, dann wären mir diese Gedanken gar nicht gekommen. Sie machte mich nämlich darauf aufmerksam, dass sie nicht schwarz sei. So hatte ich meine Freundin, Tochter eines nigerianischen Vaters und einer deutschen Mutter, aber gleich zu Beginn unserer Unterhaltung angesprochen: »Du als Schwarze, was denkst du über …?« So begann ich den Satz, und noch bevor ich ihn aussprechen konnte, intervenierte sie, dass sie nicht schwarz sei.

Jetzt bin ich abgekommen von dem, was ich hier erzählen will: Was die Begegnung mit dem Schwarzen Mann bei mir auslöste. (Sie sehen: Ich habe mich für Schwarz entschieden, wie auch in anderen Passagen, um »schwarz« nicht als Adjektiv zu benutzen.) Also, wie ging es mir in den Bergen oberhalb von Appenzell, als ich dem Schwyzerdütsch sprechenden Schwarzen Mann begegnete? Ich war ziemlich irritiert! Und: Ich war fast zeitgleich irritiert über meine Irritation. In den Schweizer Bergen einem Schwarzen Mann zu begegnen, der dann auch noch in echtem Schwyzerdütsch spricht: Das passte offensichtlich nicht in meine Vorstellung. Warum sonst sollte mich diese Begegnung irritieren? Ich mache daraus kein Geheimnis, auch wenn ich mich blamiere. Erschreckend ist es schon, dass ich, die ich wahrlich nicht zu den Menschen gehöre, die nie ihre Scholle verlassen haben, schon allein von Berufs wegen mit Menschen unterschiedlicher Couleur zusammenkomme, mit ihnen spreche und zuweilen auch streite, befremdet war. Andere mögen es als völlig »normal« wahrnehmen, das freut mich wirklich für sie! Und das meine ich ganz ohne Polemik. Mich hat es aber nun einmal irritiert. In Frankfurt und in anderen urbanen Orten passiert mir das nicht mehr.

Sollte ich beschämt sein, weil ich diese Begegnung in den Schweizer Bergen nicht als das »Normalste von der Welt« erachtet habe? Was sagt das über mich aus? Macht meine Reaktion mich zu einer Rassistin? Meine Irritation hat mich verstört. So möchte ich nicht sein. Zu gerne hätte ich den Wanderer angesprochen und ihn gefragt, was er darüber denkt, dass mich die Begegnung mit ihm irritiert hat. Das habe ich mich nicht getraut, so was macht man ja auch nicht! Das hätte voll nach hinten losgehen können, und ich hätte womöglich einen ordentlichen Rüffel bekommen.

Spätestens seit der Berichterstattung über die Black-Live-Matters-Bewegung nach dem Tod von George Floyd im Frühjahr 2020 erfahren wir, dass es Schwarze Menschen nervt, zu Rassismus befragt zu werden, und darüber mit Wildfremden zu sprechen. Aber auch schon vorher meldeten sich Stimmen dazu. Ich erinnere mich an ein Podiumsgespräch mit Alice Hasters, Autorin von *Was weiße Menschen nicht über Rassismus hören wollen aber wissen sollten*. Ich hatte sie im Januar 2020 im Rahmen des Literarischen Salons nach Darmstadt eingeladen und das Gespräch mit ihr moderiert. Als es um die Auseinandersetzung mit Rassismus in der deutschen Gesellschaft ging, sagte Alice Hasters im ironischen Ton, aber durchaus ernst gemeint: Es sei »voll nett« von ihr, dass sie sich den Fragen stelle, denn eigentlich sei es nicht ihre Aufgabe. Die »weißen Menschen« müssten sich selbst darum kümmern, ihren Rassismus zu überwinden. Ich war damals nicht schlagfertig genug, um zu erwidern, warum sie denn dann ein Buch zu diesem Thema geschrieben habe und Einladungen zu öffentlichen Veranstaltungen annehme. Was mir aus dem Gespräch vor allem hängen geblieben ist: dass es bei Schwarzen Menschen nicht gut ankommt, mit ihnen über Rassismus sprechen zu wollen.

Vielleicht wäre aber mit dem Wanderer, der mich irritierte, ein gutes Gespräch entstanden, ein freundlicher, wohlwollender Austausch, bei dem wir vom Hölzchen aufs Stöckchen gekommen wären, uns schließlich unsere Geschichten erzählt und uns so auf unsere unterschiedlichen Perspektiven eingelassen und die Chance gegeben hätten, die Schubladen im Kopf umzuräumen. Genau das ist mir nämlich kurze Zeit nach der Rückkehr aus der Schweiz bei einer anderen Begegnung mit einem Schwarzen Mann passiert. Dazu gleich mehr.

Noch auf der Wanderung spreche ich über meine Irritation mit dem Sohn und davon, dass sie wohl daher rührt, dass mein Unterbewusstsein nicht gewusst habe, in welche Schublade im Kopf es diesen Mann hätte packen sollen. Ich frage Max, was ihm denn durch den Kopf gegangen sei.

»Was soll mir durch den Kopf gegangen sein?«, fragt er zurück und sagt dann: »Gar nichts.« Wir sind beide überrascht über unsere abweichenden Wahrnehmungen. Max sagt, er habe den Wanderer nicht als dunkelhäutig registriert. Der Mann sei halt einer der vielen Menschen gewesen, die uns in den Bergen entgegengekommen seien. Für den 23-Jährigen, der schon viel herumgekommen ist in der Welt und sich in der Jugendaustausch-Organisation, über die er nach Indien ging, ehrenamtlich engagiert, ist es eine ganz »normale« Situation gewesen.

Meine Irritation beschäftigt mich. Nach der Rückkehr aus dem Urlaub spreche ich darüber mit Freunden, Bekannten, Kollegen.

Katja, meine Freundin aus der *Frankfurter-Rundschau*-Zeit, ist entsetzt über meine Irritation: »Das ist doch echt zu banal, zu klassisch, darüber sind wir doch längst hinausgewachsen.« Nach dem gemeinsamen Nachdenken mit einem Freund – Frank, ein in Ostdeutschland geborener und aufgewachsener Endvierziger – findet Katja meine Wahrnehmung dann doch nicht mehr so abwegig. Eine Frau mit Kindheit in der Türkei, die einen Schwarzen in den Schweizer Bergen komisch findet?

Frank meint: »Mir wäre es in den Schweizer Bergen auch so gegangen. Der Bauch meldet sich zuerst, dann erst der Verstand. Wir reagieren auf das, was uns vertraut ist, was wir kennen und was wir nicht kennen.« Frank und ich sind uns einig: Die frühe Kindheit prägt einen ein Leben lang. »Wir in Ostdeutschland kannten das eben auch nicht.«

Franks zwölfjährige Tochter Lisa wiederum kommentiert

das Geschilderte mit »Ja und?«. Sie kann meine Irritation nicht nachvollziehen, weil Schwarze seit ihrer Geburt Teil ihres Frankfurter Alltags sind. Ihr »Bettnachbar« in der Krippe war ein Schwarzer Junge. In der Kita war es genauso. Die Eltern einer ihrer besten Freundinnen kommen aus Äthiopien. In ihrer Schule gehört sie zu einer Minderheit, weil sie nur eine Muttersprache hat. Alle anderen sprechen mindestens zwei Sprachen. Die Hautfarben changieren von »Schneewittchenweiß« (Lisa) über Mokka bis Schwarz. Erstere hätten Nachteile, meint Lisa, weil man die Pubertätspickel viel mehr sehe.

Eine Kollegin aus Berlin schreibt mir: »Wir gehören zu einer Generation, für die Schwarze optisch selten waren, deshalb sind wir in den Schweizer Alpen erstaunt. Mein Wunsch ist es eigentlich, dass mir das gar nicht mehr so auffiele. Unvergessen ist mir eine Episode mit meiner Tochter, als sie etwa sieben Jahre alt war. Sie erzählte von einem neuen Mitschüler, der sehr nett und lustig sei. Als ich sie in der Schule abholte, schaute ich mich um, wer der Junge denn sein könnte. Meine Tochter sagte, es ist der mit der roten Jacke und dem gelben Ranzen. Dass es ein Schwarzer Junge war, sagte sie nicht. Als ich sie fragte, warum sie Jacke und Ranzen beschrieben, aber gar nicht gesagt habe, dass er schwarz sei, meinte sie: ›Ja, schwarz ist er auch.‹ Weil sie in eine kunterbunte Klasse ging, spielte das einfach keine entscheidende Rolle für sie. Das war für mich das, wo ich gerne hinwollte, und ich war glücklich über die Wahl der Schule«, so die Kollegin. Nunmehr stelle sie aber fest, dass »wir uns von dieser Welt entfernen – wegen der vielen identitären Unterscheidungskriterien«.

Mir lässt meine Irritation keine Ruhe. Ich möchte aus weiteren Perspektiven darauf schauen. Also gebe ich mir einen Ruck und spreche doch noch Schwarze Menschen an – so etwa einen Zugbegleiter auf der Fahrt im ICE. Was für Zufall, denke ich, als ich nach Hannover reise und mein Ticket von einem Schwarzen Mitarbeiter kontrolliert wird. Ich frage ihn, ob ich ihm eine Frage stellen könne. Aus dieser Frage entwickelt sich ein intensiver Austausch. Ich bin dankbar, dass der Mann, der aus Kamerun stammt, sich nicht vor den Kopf gestoßen fühlt und sich einlässt auf meine Suche nach Antworten.

Der Zugbegleiter schmunzelt über meine Erzählung und sagt dann: Er könne mich verstehen, auch weil es so tief sitze, das Bild vom Schwarzen Mann und die Vorstellung davon, was normal sei. »Immerhin nehmen Sie wahr, dass das eigentlich nicht in Ordnung ist, was in Ihrem Kopf passiert«, sagt er und erzählt, was ihm vor ein paar Jahren bei einer Wanderung in Meran geschah. Er sei offensichtlich für einen Flüchtling gehalten worden, der illegal die Grenze passieren wolle, und daher habe jemand die Polizei informiert. Er sei dann in einem Lokal in den Bergen kontrolliert worden. Es erstaunt mich, mit welcher Gelassenheit er davon spricht. Ich nämlich verspüre Wut im Bauch. Was sind das bloß für Leute, die so was machen? Blockwartmentalität in den Bergen! Und wieder einmal denke ich: Reden hilft. Ein kurzes Gespräch, und schon wäre die Lage klar geworden.

Seit fast zwanzig Jahren sei er bei der Deutschen Bahn angestellt, erzählt der Mann. Eigentlich sollte es nur ein Job sein, mit dem er sein Studium finanzierte. Das habe er schon längst absolviert, den Arbeitgeber aber nicht mehr gewechselt. Er möge seine Arbeit als Zugbegleiter, komme viel rum, vor allem komme er mit Menschen zusammen, deren Schubladen im Kopf sich schon allein dadurch sortierten, dass ein Mensch mit »dunkler Haut« öffentlich präsent sei.

Und dann spricht er von Erlebnissen mit Fahrgästen. Einmal habe während der Fahrkartenkontrolle ein kleines Mädchen seine Mutter gefragt, warum der Mann »dunkle Haut« habe. »Die Frau ist rot angelaufen, das war ihr sehr unangenehm.« Sie habe sich bei ihm »tausend Mal entschuldigt«. Sollte ihr das Verhalten der Tochter peinlich sein? Ja und nein, meint der dreifache Vater, der mit seiner Familie in Kassel lebt. Auf die Erziehung der Kinder müsse mehr geachtet werden. Zu Hause und in der Schule mehr auf die Vielfalt eingestimmt werden. Er bereite seine Söhne auch auf das Leben in einer globalisierten Welt vor. Beim Stichwort Globalisierung wird der vor 22 Jahren nach Deutschland emigrierte Mann energischer. Es rege ihn auf, dass ein Loblied auf die Globalisierung gesungen werde, wenn es um wirtschaftliche Profite gehe, ansonsten aber alle gefälligst dort bleiben sollen, wo sie sind. »Die Heimat meiner Kinder ist Deutschland. Sie sind außen braun – und innen weiß«, sagt er. Was er damit meint? Wir kamen nicht mehr dazu, darüber zu sprechen. Bei unserer nächsten Begegnung werde ich ihn fragen.

Was also macht es mit einem, wenn man in den Schweizer Bergen von einem Schwarzen Mann in tiefstem Schweizer Dialekt begrüßt wird?

Ich schreibe über die Begebenheit in den Bergen einen Artikel und bitte Leser um Rückmeldungen – und zwar auf die Frage, wie sie in so einer Situation reagiert hätten. Eine der Rückmeldungen möchte ich mit Ihnen teilen. Frau Edine S. aus Ostfriesland schrieb mir Folgendes: »Es freut mich! Es wird mir ganz warm ums Herz. Es gibt eine gewisse Nähe. Es überrascht mich sicherlich, weil ich nicht erwarten würde, dass ein vermeintlicher Ausländer diese Sprache so ›urig‹ wiedergibt. Vor allem in der Schweiz würde ich damit wohl nicht so schnell rechnen.«

Sie als Urostfriesin, die mit Plattdeutsch aufgewachsen sei und erst in der Schule die deutsche Sprache (einigermaßen) gelernt habe, werde oft auf ihren Akzent angesprochen. Ob sie aus Osteuropa stamme (»Russland mag keiner sagen«) oder vielleicht aus Spanien. »Es scheint mir so, als würde es die Menschen beruhigen, sie in Sicherheit wiegen, wenn sie mich als Gegenüber besser einsortieren können.«

Ja, da bin ich ganz bei der Urostfriesin. Nach 2015 seien auch in Aurich viele ausländische, vor allem junge Männer im Stadtbild sichtbar geworden, so Edine S. Tendenziell seien sie sehr nett und grüßten meist mit einem freundlichen »Moin«. »Darüber freue ich mich und merke, wie schön ich es finde – so als würden sie dann mehr dazugehören. Es ist schon sehr interessant, was Sprache machen kann. Und dabei stammen wir Menschen letztendlich alle aus Afrika und haben nur unterschiedliche Sprachen und Aussehen«, schreibt mir Edine S., die ihren Brief mit »Urostfriesin mit afrikanischen Wurzeln aus Aurich« unterzeichnet hat.

Bei einem Spaziergang am Main sehe ich ein Paar. Zwei Frauen, Hände haltend kommen sie mir entgegen. Wieder bin ich irritiert. Was denken Sie, warum diesmal? Weil es ein lesbisches Paar ist? Nein! Das sicher nicht. Das Bekenntnis zur gleichgeschlechtlichen Liebe im öffentlichen Raum irritiert mich nicht. Ich kann nicht mit Sicherheit sagen, wie es anderswo ist, hier im Rhein-Main-Gebiet sind Hand in Hand gehende Männer oder Frauen keine Seltenheit mehr. Verstört bin ich, weil eine der Frauen im Gesicht tätowiert ist. Und zwar komplett. An der Stirn, auf der Nase, an den Wangen, am Kinn. Gerne hätte ich auch sie angesprochen und gefragt, was es mit den Tattoos auf sich habe. Was ich an mir feststelle: Um Menschen besser verstehen zu können, würde ich gerne Antworten auf Fragen haben, die sich mir wie in dieser Situation stellen.

Wenn das Tattoo für Sichtbarkeit steht und um der Aufmerksamkeit willen gemacht wurde, dann hat es bei mir den Zweck erfüllt. Jeder und jede möchte wahrgenommen werden, denke ich, als das Paar an mir vorbeigeht. Wenn man aber Aufmerksamkeit spendet, dann ist es den Menschen nicht recht. Das erlebe ich immer wieder – wie in Berlin etwa, als in der S-Bahn mein Blick an einem Fahrgast hängen blieb, der einen übermäßig großen Ring im Ohrläppchen hatte. Ein Ohrläppchen war das eigentlich nicht mehr, davon war nicht viel übrig, stattdessen ein Ring mit einem Durchmesser von mindestens vier Zentimetern. Dieses »riesengroße Loch« am Ohr erschreckte mich, und während es in meinem Kopf ratterte und ich mich fragte, warum Menschen so etwas machen, hörte ich: »Was schaust du so blöd?« In einem sehr unfreundlichen Ton rügte mich der Mann, an dessen Ohr meine Blicke hängen geblieben waren.

»Entschuldigen Sie bitte«, sagte ich und hängte noch einen Satz an: »Ich habe so was vorher noch nie gesehen.« Was mir noch so durch den Kopf ging, behielt ich für mich: Wenn Sie nicht möchten, dass andere es bemerken und Sie ansehen, warum machen Sie das dann? Denn Sie selbst sehen es ja nicht einmal.

Was verbindet die Situationen in den Schweizer Bergen, am Mainufer und in der Berliner U-Bahn? Warum erzähle ich ausführlich über diese Begebenheiten? Weil diese »banalen Ereignisse« Beispiele dafür sind, uns auf unsere Wahrnehmungen einzulassen, ohne sie als richtig oder falsch, ohne sie als gut oder schlecht zu bewerten. Bei der nächsten Begegnung mit einem Schwarzen Mann in den Bergen, egal ob in der Schweiz oder anderswo, bei der nächsten Person mit Tätowierung im Gesicht und/oder Ring im Ohr werde ich weniger irritiert sein. Mindestens.

Ich denke aber auch: Wir sollten gnädiger sein, jeder mit sich selbst und jeder mit dem anderen. Ist der oder die, die es auf Anhieb nicht hinbekommt, etwas für selbstverständlich zu halten, was für andere selbstverständlich ist, ein schlechterer Mensch? Gar ein Rassist?

Übers Verzichten

Was macht es mit uns als Gesellschaft, wenn wir uns als Täter und Opfer begegnen? Über Schuldzuweisungen und Zuschreibungen wie privilegierte »Weiße« und benachteiligte »Nicht-Weiße«? Wenn ich eins gelernt habe, dann das: Das Erkennen der Bedürfnisse anderer entwickelt sich nicht durch Forderungen, sondern durch das Verstehen. Das Bewusstsein dafür entsteht wiederum nicht durch Mitleid, sondern durch Mitfühlen. Ohne Empathie geht es nicht wirklich voran. Ein Gespräch, das dem Gegenüber eine andere Perspektive bahnt, ihm ermöglicht mitzufühlen, ist ein Anfang.

Eine Begegnung und ein Gespräch, in dem es nicht um Schuldige geht, nicht um Vorwürfe und Verfehlungen. Ich würde nicht wollen, dass aus einem Schuldgefühl heraus mir etwas gewährt wird, nicht wollen, dass mein Gegenüber verzichtet, damit ich in den Genuss seiner Privilegien komme. Das würde mich wieder in die Position der Schwachen versetzen. Weil ich im Gegenüber den Generösen sehen würde, der mir etwas gewährt. Darum sollte es aber nicht gehen, sondern um den gemeinsamen Weg für mehr Gerechtigkeit.

Ist es das, was mich so stört an den jungen Antirassisten und den *Woken*? Die obsessiv gewordene Forderung, dass die »Weißen«, die »Privilegierten«, die »Mächtigen« auf ihre Privilegien verzichten sollen. Was bringt uns das Abarbeiten an »alten weißen Männern«? In einem Beitrag der ZDF-Kultursendung zu Identitätspolitik erklärt die Antirassismus-Aktivistin Emilia Roig: »Ich stelle mich nicht mehr unter weiße Männer, auch wenn die gesamte Gesellschaft sagt: Du bist weniger wert. Ich bin nicht mehr bereit. Natürlich kann es manche alten weißen Männer triggern. Aber sie müssen damit leben.«[19]

Wenn ich solche Sätze höre, dann frage ich mich: Ja und? Was soll nun passieren? Sollen sie sich alle in Luft auflösen, weil Sie, Emilia Roig, das nicht mehr möchten? Das ist Ihr gutes Recht. Die »alten weißen Männer« werden damit gut leben können, dass Sie sich ihnen nicht unterordnen wollen. Ich weiß natürlich, dass die »weißen Männer«, über die viel geklagt wird, eine Metapher sind für die Mächtigen. Die angeprangerten Mächtigen sind keine abstrakten Größen, sondern Menschen.

Unlängst haben wir in einer Lehrveranstaltung, in der es um Identitätspolitik ging, über »alte weiße Männer« diskutiert. Eine Studentin konnte ihre Wut kaum bändigen über die »alten weißen Männer«. Deren Zeit sei »definitiv« vorbei, erklärte sie mit aufgeregter Stimme. Sie nerve deren vermessenes und ignorantes Auftreten. Und auch, dass sie so super selbstbewusst aufträten und Fragen stellten, die sie nicht stellen dürften. »Wir sind nicht mehr bereit, zu antworten und ihr Verhalten unkommentiert zu lassen«, erklärte die Mittzwanzigerin.

Ich bin mir nicht sicher, ob es mir gelungen ist, sie zu ermuntern, zu differenzieren, anstatt pauschal alle »alten weißen Männer« in einen Topf zu werfen. Statt einer Erwiderung habe ich ihr Fragen mitgegeben: Ob es sich nicht lohne, den »alten weißen Männern« eine Chance zum Umdenken zu geben, statt sie als Gegner zu sehen? Was damit erreicht werde, sie als Privilegierte anzuprangern, die »Unterlegene, Benachteiligte, Marginalisierte« am Vorankommen hinderten? Wäre es nicht sinnvoller, sie zu unseren Verbündeten zu machen? Sie möge mal darüber nachdenken.

Mit der immer wieder zu hörenden Forderung, dass gefälligst Privilegien abzugeben sind, kommen wir nicht weit. Das ist bei den einen sicherlich mit dem Wunsch nach Ausgleich und mehr Gerechtigkeit verbunden, bei den anderen vielleicht auch mit so etwas wie Neid, weil andere es angeblich besser und leichter hatten und haben als man selbst. Ich sehe Missstände, Benachteiligungen und Ausgrenzungen. Ich tauge aber nicht als Revolutionärin. An einen radikalen Umbruch und Systemsturz glaube ich nicht. Hingegen glaube ich daran – und ich erlebe es immer wieder –, dass ein Perspektivwechsel und ein Umdenken möglich sind. Über diese Fähigkeit verfügt das menschliche Hirn. Ansichten und Annahmen sind nicht statisch.

Ich denke: Mit den »alten weißen Männern« ist es so eine Sache. Sollen sie denken, was sie denken, die Kritiker der »alten weißen Männer«. Klugheit, Gewissen, Herzenswärme: All das hat nichts mit Status, Position und auch nicht mit Privilegien zu tun. Wer weiß schon, welches Päckchen an Leid und Verletzungen jeder einzelne Mensch so mit sich trägt?

Ich denke an meinen lieben Freund Hans und frage mich, ist er auch gemeint? Er, der Oberarzt in einer Klinik und sechzig plus ist? Was sagt sein Status über ihn als Mensch aus? Wie schräg die Debatten um Privilegien sind, wird mir bewusst, wenn ich mir sein Leben vergegenwärtige. Dass er der Sohn eines traumatisierten Soldaten ist, der nach der Rückkehr aus dem Krieg seinen Platz in der Gesellschaft nicht finden konnte, der seinen Sohn so schwer schlug, dass dieser mit sechzehn Jahren abhaute und als Straßenmusiker lebte; dass er später seinen Schulabschluss und auf dem zweiten Bildungsweg das Abitur nachholte; dass er morgens ab vier Uhr bei der Post arbeitete, um seinen Lebensunterhalt zu bestreiten; dass er unbedingt Arzt werden wollte, weil sein jüngerer Bruder an einer Krankheit starb, die nicht hätte tödlich enden müssen; dass er während seines Medizinstudiums Nachtwachen machte, weil ihn niemand unterstützte, er seine Eltern aber nicht auf Unterhalt verklagen wollte; dass er sich seine Position in der Klinik hart erarbeiten und erkämpfen musste; dass er allen seinen Patienten gegenüber respektvoll ist, auch wenn er als Nazi und Kartoffel beschimpft wird … Nichts von all dem schwingt mit, wenn »alte weiße Männer« über den Kamm geschert werden.

Wer genau ist mit diesen »Weißen« gemeint – in einer so divers gewordenen Gesellschaft wie Deutschland? In einem Land, in dem es inzwischen Unternehmer unterschiedlicher Herkunft gibt? Menschen, die viele Jahre für ihre »Privilegien« geackert haben?

Die Migrationsforscherin Judith Kohlenberger plädiert in einem Interview dafür, Privilegien zurückzuweisen. »Weiße« sollten sich im ersten Schritt ihrer Privilegien bewusstwerden. »Mir ist wichtig zu betonen, dass Privilegien zu haben nicht bedeutet, dass man es leicht hat im Leben. Aber man hat es vielleicht ein klein wenig weniger schwer als andere, die genau dieses Privileg nicht haben. Also, man kann sowohl als weißer als auch als schwarzer Mensch oder als Mensch mit brauner Hautfarbe in einer armutsgefährdeten Familie aufwachsen. Aber man hat trotzdem einen gewissen Vorteil, den man vielleicht genießt, wenn man in einer mehrheitlich weißen Gesellschaft wohnt. Das ist der erste Schritt«, meint Kohlenberger.[20]

Als zweiten Schritt rät sie, darauf zu achten, »wo man im Alltag vielleicht in den Genuss eines gewissen Vorteils aufgrund meistens zufällig per Geburt erhaltener Privilegien gelangt, der Nächste aber neben mir vielleicht nicht. Und in diesem Moment öffnet sich so etwas, was ich als das Fenster oder als *window of opportunity* bezeichne, wo man die Möglichkeit hat, bewusst zu sagen: Ich nehme das nicht in Anspruch. Es geht nicht darum, dass alle Menschen komfortabler leben oder unbedingt das beste Leben überhaupt haben, sondern es geht eigentlich um eine *democratisation of discomfort*. Dieser *discomfort,* den vor allem unterprivilegierte Gruppen, marginalisierte Gruppen ganz stark spüren, der sollte in einer Art fair und gerecht auf alle verteilt werden. Das ist vielleicht auch ein wesentlich pragmatischeres Ziel, als zu sagen: Wir wollen das absolut bestmögliche Leben für alle jetzt sofort haben.«

Klingt gut. In der Theorie ist alles möglich. Doch wer gibt schon freiwillig »Privilegien« ab? Vor allem, wenn diese hart erarbeitet wurden. Ohne Einsicht kein Verzicht. Über Privilegien nachzudenken ist richtig.

Handelt es sich denn bei dem, was in Rassismusdebatten »Privilegien« genannt wird, tatsächlich um solche? Dieser Frage widmete sich unlängst der Soziologe Levent Tezcan auf einer Tagung zu Ressentiments. Seine Antwort: Was als Privilegien angeprangert werde, die ›Weiße‹ haben, sei ein Normalzustand, der Teilen der Bevölkerung aufgrund ihrer Minderheitsmerkmale, aufgrund von Glauben, Hautfarbe, nicht gleichermaßen zuteilwerde. Würde man darauf hinweisen, dass ein Teil der Bevölkerung ungleich behandelt wird, und würde man die Ungleichbehandlung als unvereinbar mit dem Selbstverständnis des politischen Gemeinwesens problematisieren, würde dies mehr Solidarität bewirken. So Tezcans Mutmaßung. Hingegen richte sich die Kritik an Privilegien im Sinne eines illegitimen Vorrechts der Mehrheitsgesellschaft direkt an Personen. So würden »Weiße« zu Tätern. Den Effekt beschreibt der Soziologe so: Bei einem Teil jener, die der Privilegien beschuldigt werden, entstünden Schuldgefühle, bei einem anderen Ärger.

Was bedeutet das? Wenn die Debatte um Rassismus und Identitätspolitik so geführt wird, dass die einen auf Privilegien verzichten sollen, damit andere in ihren Genuss kommen, dann schürt dies Unmut. Die Aufforderung zum Verzicht bewirkt bei einem Teil der Mehrheitsgesellschaft nicht mehr Solidarität mit »Nicht-Weißen«. Denke ich. Solidarität entsteht nicht durch den Appell, sich seiner »Privilegien« gewahr zu werden und etwas davon abzugeben. Es sollte vielmehr darum gehen, Antworten zu finden auf die Frage, wie es gelingen kann, dass alle gleichbehandelt werden.

Wenn es um Diskriminierung geht, wird oft die Wohnungssuche als Beispiel genannt. Soll eine Schwarze Mutter, alleinerziehend und in prekären Verhältnissen, nicht benachteiligt werden bei der Wohnungssuche, würde es ihr im konkreten Fall helfen, wenn meine Freundin Doris, die in gleicher Lebenslage ist, auf die Wohnung verzichtet, für die sie sich auch als Mieterin beworben hat? Wenn sie den Vermieter davon überzeugen kann, dass er die Wohnung der Schwarzen alleinerziehenden Mutter geben soll, wäre der Nicht-Weißen geholfen. An dem Grundprinzip, dass es Bevorzugte und Benachteiligte auf dem Wohnungsmarkt gibt, ändert das aber nichts. Was genau hindert den Vermieter, an Wohnraumsuchende aus dieser oder jener Gruppe zu vermieten? Statistiken sind das eine, die Hintergründe das andere. Liegt es an Vorurteilen, an bewusstem oder unbewusstem Rassismus, an realen schlechten Erfahrungen mit Mietern? Wir brauchen mehr Informationen und konkretes Wissen über Hintergründe der Absagen anstelle von Wiederholungen aus Erhebungen und Studien über die Benachteiligung von Minderheiten auf dem Wohnungsmarkt. Wenn die konkreten Gründe ermittelt sind, werden Gegenmaßnahmen möglich.

Womit ich wieder am Anfang bin: Alles daransetzen, Vorurteile und rassistische Denkmuster abzubauen. Das funktioniert etwa über das Hinterfragen dieser Denkmuster. Und das Hinterfragen funktioniert besser, wenn wir uns nicht gegenseitig anklagen.

Liege ich richtig mit meinen Überlegungen? Was denkt mein Freund Helge? Er, der seinen Beruf als Pfarrer aufgegeben hat, um sich im interreligiösen und interkulturellen Dialog zu engagieren und vor fünf Jahren nach Ostdeutschland umzog, um dort in der politischen Bildung und der Dialogarbeit tätig zu sein? »Was macht es mit Leuten, die aufgefordert werden, Privilegien abzugeben?«, habe ich Helge gefragt.

»Ganz einfach: Es gibt Widerstand. Steuererhöhung für Unternehmen: Arbeitgeberverband protestiert. Kürzung Hartz IV: Sozialverbände protestieren. Keine billigen Mieten mehr in Berlin: Mieterverbände protestieren etc. pp. Kennen wir doch alles«, sagt Helge.

Ich kenne Helge seit fast zwanzig Jahren, wir waren lange aktiv im interkulturellen Dialog. Seinem Urteil vertraue ich und bin beruhigt, dass meine Gedanken nicht so abwegig sind. Forderungen wie »Weiße Deutsche sollen Privilegien abgeben« sieht Helge auch problematisch. Und ich wage zu behaupten: Das macht er nicht aus der Position eines »Weißen« heraus, sondern mit dem kühlen Blick dessen, der sich von keiner Seite vereinnahmen lässt. Kann er das denn als »alter weißer Mann«? Da meldet sie sich wieder, die Stimme der Kritiker. Es ist auch das, was mich so stört an der Art der Diskussionen. Die Polarisierung – wenn die Positionen einem nicht passen, dann werden Menschen mal eben abgekanzelt als »alte weiße Männer«. Und solche wie ich, die nicht mit einstimmen in den Kanon der Antirassisten, abgewertet als »weiß gelesene Person of Color«.

Helge sagt: »Natürlich muss die Mehrheitsgesellschaft sich öffnen und Positionen abgeben, sonst öffnet sich die Gesellschaft nicht, das ist doch in Ordnung. Die Frage ist ja, wie das geht und wie man das einfordert.« Forsche Forderungen zur Abgabe von Privilegien seien ohne Konzepte ganz schwierig umzusetzen. »Im Grunde befinden wir uns in einer Zeit der Wohlstandskonflikte, es geht um die Verteilung des großen Kuchens – und der ist mittlerweile in Deutschland ziemlich groß. Es geht darum, wer Opfer ist und wer reklamiert, ein Recht auf ein Stück vom Kuchen zu haben. Dann kämpfen Ossis, Migranten, Schwarze, Diskriminierte, Schwule, Non-Binäre, Türken, Polen, Griechen, Behinderte, Kranke, Alte, Junge munter miteinander, gegeneinander, wie auch immer.«

Dass es diese Konflikte gibt und wir über Teilhabe streiten können, führt er darauf zurück, dass wir weitergekommen sind bei der Integration. Genauso sei es bei der Gleichstellung. Und als wir über die neue Generation der Antirassisten sprechen, sagt Helge: »Sie drehen die Integrationsforderung der Mehrheitsgesellschaft auf den Kopf und stellen Forderungen gegen die Mehrheitsgesellschaft.« Ich wünschte, ich wäre auch so nüchtern und gelassen bei der Analyse.

Die »People of Color«, die Antirassismus-Aktivisten sehen sich einerseits als Benachteiligte und als Opfer, andererseits sind sie aber inzwischen so selbstbewusst, um Forderungen zu stellen. Dass sie diese Möglichkeit haben, dafür haben sich Antirassismus-Akteure einer früheren Generation starkgemacht, ihnen den Weg gebahnt.

Mein Engagement hatte viel damit zu tun, dass ich nie Opfer sein wollte. Ich wollte den Radius meines Handlungsspielfelds aus eigener Kraft erweitern und es nicht dabei belassen. Deshalb arbeitete ich in politischen Gremien mit, in zivilgesellschaftlichen Initiativen und Organisationen. Sprach vor großem und kleinem Publikum, diskutierte an Schulen mit Kindern und Jugendlichen, stellte mich immer wieder Fragen, wie es sich lebt als Mensch mit Migrationshintergrund in diesem Land. Ich gab Persönliches preis, erzählte über den Verlust der Heimat, der Muttersprache, berichtete von schmerzlichen Erlebnissen. Ein Sprechen aus der Stellvertreterin-Position. Das Preisgeben von Gefühlen um der Sache willen, um des Verständnissens willen.

Worin unterscheidet sich das Engagement der älteren Generation von dem der jungen Generation? Mein Selbsterkundungsgang mündet in der vorläufigen Erkenntnis, dass es heute viel mehr Gruppen gibt. Immer mehr Menschen mit besonderen Merkmalen und Identitäten, die sich aus unterschiedlichen Positionen heraus in die Debatten begeben. Was uns noch unterscheidet: Wir haben nicht so sehr gefordert, sondern erarbeitet und formuliert, wo was gemacht und geändert werden sollte, damit alle zu ihrem Recht kommen. Wir waren realistischer in unseren Vorstellungen und Forderungen. Denke ich. Und nicht so anklagend und beschuldigend. Verkläre ich die Vergangenheit? Unseren Antirassismus, der so nicht hieß, sondern Engagement gegen Ausländerfeindlichkeit, Fremdenfeindlichkeit, gegen Diskriminierung? Unser Engagement für eine Gesellschaft, in der alle Menschen nicht nur gleiche Rechte, sondern Chancen haben? Vermutlich.

Kapitel 5 – Was wir brauchen

Vorurteile

> *»Es ist leichter, einen Atomkern zu spalten*
> *als ein Vorurteil.«*
> Albert Einstein

Ich stelle mir vor: Jeder Mensch bekommt zur Geburt einen Koffer für die Reise durchs Leben; die ersten Gepäckstücke bekommt das Kind von Vater und Mutter: bedingungslose Liebe, Bestärkung und Zuwendung. Dieser Koffer wird im Laufe der Jahre und der Reise gefüllt mit all dem, was es bedarf, damit die Reise für den Reisenden selbst eine erfreuliche wird – und für all die, die dem Reisenden begegnen.

Das Wissen um Vorurteile, wie sie entstehen, warum wir sie haben, wann sie hilfreich sind und wann wir uns nicht von ihnen leiten lassen sollten: ein unverzichtbares Gepäckstück. Nur: Wer packt es ein?

Immer wieder ertappe ich mich dabei, dass ich Menschen in eine Schublade stecke; das geht ganz schnell und instinktiv. Auch in meinem Kopf geistern – leider – jede Menge böse Gedanken umher. Über bestimmte Glaubensgemeinschaften, über diese und jene Gruppen und Ethnien, über Menschen mit diesem oder jenem Outfit. Wer hat sie nicht, diese bösen Gedanken. Warum also sollte ich davon verschont bleiben.

Immerhin habe ich im Laufe der Jahre gelernt, meine eigenen Vorurteile bewusst wahrzunehmen, meine bösen Gedanken in den Griff zu bekommen und mich nicht von ihnen steuern zu lassen. Das gelingt mir aber nicht jedes Mal, so wie ich auch nicht durchgängig meinen eigenen Ansprüchen gerecht werde. Es gibt daher Momente, in denen ich Vorurteilen aufsitze. Vor mehr als zwanzig Jahren waren es andere Vorurteile als heute oder in zehn Jahren.

Anfang Januar 1999 ist mein erster Tag bei der *Frankfurter Rundschau*. Schon nach der ersten Woche werde ich krank. Ich habe hohes Fieber, komme nur mit Mühe aus dem Bett und bemitleide mich, weil ich mich in der neuen Stadt einsam fühle. In Hannover hätten sich meine Schwestern und Freundinnen um mich gekümmert, denke ich. In Frankfurt kenne ich außer den Kolleginnen und Kollegen aus der Redaktion niemanden. Denn ich bin erst vor Kurzem in diese Stadt gezogen.

Ein paar Tage nach meinem ersten Fehltag in der Redaktion ruft mich eine Kollegin an. Wie es mir geht, möchte Katja wissen; ob sie mir helfen könne, ob ich was brauche und ob sie mir eine Suppe vorbeibringen könne. Ich bin perplex. Denn das passt so gar nicht zu meiner Vorstellung über »die« Deutschen. Obwohl ich an diesem Januartag schon seit mehr als 25 Jahren in Deutschland lebe, weitaus mehr Kontakt zu Deutschen als zu »Landsleuten« habe, werde ich von diesem unter Türkeistämmigen gängigen Vorurteil überrumpelt: Die Deutschen denken im Gegensatz zu »uns Türken« nur an sich selbst, sind nicht so sozial wie »wir«, setzen ihre Kinder vor die Tür, wenn sie volljährig sind. Und: Sie würden nicht einmal auf die Idee kommen, einem Kranken eine Suppe zu kochen. Als mich die Kollegin fragt, ob sie mir eine Suppe vorbeibringen könne, bin ich beschämt. Sie wird es viel später erfahren, was mir während unseres Telefonats durch den Kopf gegangen ist. Mit diesem Anruf beginnt eine Freundschaft, die bis heute anhält. Katja und ich haben so manche Krisen überstanden und halten uns immer wieder den Spiegel vor.

Als ich Ende 1998 nach Frankfurt umziehe, weiß ich über diese Stadt vor allem das: Es gibt ein massives Drogenproblem und damit verbunden eine hohe Beschaffungskriminalität; das Bahnhofsviertel ist Treffpunkt der Dealer und Junkies. Und: Frankfurt ist eine Multikulti-Stadt, hier leben Menschen aus mehr als 180 Ländern. Ein Satz, der in Reden kommunaler Vertreter bei offiziellen Anlässen nie fehlt.

Die Vielfalt ist in Frankfurt unübersehbar im Straßenbild und unüberhörbar in öffentlichen Verkehrsmitteln. Hannover hingegen war damals beschaulich. Ich wuchs in einem Vorort auf und wohnte als junge Erwachsene in einem bürgerlichen Stadtteil. In Frankfurt fühle ich mich wie eine Dorfpomeranze. Die Vielfalt strengt mich an, überfordert mich. Es kostet mich Kraft, in unterschiedliche Lebenswelten einzutauchen und sie zu verstehen, damit ich sie in Reportagen und Berichten anderen verständlich machen kann. Ich möchte meine Artikel aus den ersten Jahren in Frankfurt gar nicht wieder lesen, möchte nicht wissen, in welche Fettnäpfchen ich getreten bin. Damals gab es glücklicherweise kein Twitter und Co.; es gab keine Hashtags und keine Hashtag-Politik. Sonst wäre ich wohl bei jedem zweiten Artikel wegen No-Go-Formulierungen an den Pranger gestellt worden.

In Frankfurt nahm ich erstmals Schwarze Menschen wahr, in Hannover kannte ich keine. Mit Ausnahme meiner

Schulfreundin Katharina, deren Vater Nigerianer und Mutter Deutsche ist, habe ich bis zu meinem 34. Lebensjahr keinen Kontakt zu Schwarzen Menschen gehabt.

Inzwischen lebe ich seit ein paar Monaten in Frankfurt und bin eines Abends mit Freunden in Denny's Bar. Wir sitzen an der Theke, wir trinken Wein und hören der Livemusik zu. Ich bin vergnügt und gesprächig. Auf dem Hocker neben mir sitzt ein Mann, elegant, schlank, groß gewachsen. Und: Er ist ein Schwarzer. Ich habe Lust auf eine Plauderei und spreche ihn an – auf Englisch! Der Mann reagiert freundlich und antwortet in akzentfreiem Deutsch. Ich möchte mich in Luft auflösen, mich von Denny's Bar wegbeamen, wünsche mich in mein Bett zurück, wo ich mich unter meiner Decke verkriechen kann. So peinlich ist mir mein Fehlverhalten. Auch etliche Monate später noch. Heute kann ich darüber schmunzeln. Erlebnisse wie dieses aber lassen mich ahnen, wie es Menschen geht, die Diversität nur als Wort kennen. Wenn überhaupt.

Warum erzähle ich das? Weil mich die Frage beschäftigt, wo die Grenzen verlaufen zwischen Unbedarftheit, Unkenntnis, Vorurteilen und Rassismus. Erinnert habe ich mich an die Situation in Denny's Bar während der Lektüre von Isolde Charims Buch *Ich und die Anderen. Wie die neue Pluralisierung uns alle verändert.* Die österreichische Philosophin zitiert darin aus den Erinnerungen der ungarischen Philosophin Ágnes Heller. Diese habe »mit zwanzig Jahren zum ersten Mal in ihrem Leben einen ›Schwarzen‹ gesehen«. Er sei ein Besucher gewesen, denn »so jemanden« habe es in den 1950er Jahren in Budapest nicht gegeben. »Die Welt der jungen Ágnes Heller, aber auch die Welt meiner Wiener Kindheit ist versunken«, stellt Isolde Charim fest.[1]

Diese Textpassage bringt mich zu der Frage, wie es in Deutschland ist. In den Debatten über Rassismus gerät aus dem Blick, dass für sehr viele Menschen die Begegnung mit Schwarzen keine Selbstverständlichkeit ist. Denn auch wenn Deutschland ein »buntes Land« geworden ist, gibt es noch immer viele Orte, in denen keine oder nur wenige Menschen mit dunkler Haut leben und sie nicht zur »Normalität« gehören. Dass die große Mehrheit der Menschen in Deutschland helle Haut hat, sollte man vielleicht festhalten, damit man nicht über Fakten diskutiert, die es einfach gibt.

Es würde uns weiterbringen, wenn wir uns gegenseitig nicht per se in Schubladen packten – in Rassist und Nicht-Rassist. Jede Grundlage des Miteinanders verschwindet, wenn die einen den anderen mit der Annahme begegnen, dass »Weiße nicht Nicht-Rassisten sein können«. Weiße wehrten ab, reagierten empört, wenn sie als Rassisten entlarvt würden. Sie wiesen jegliche Verantwortung von sich, wenn sie mit der Geschichte der Sklaverei, der Kolonialisierung und der Weltordnung, die von Weißen bestimmt wird, konfrontiert würden – so eine gängige Analyse der Antirassismus-Akteure. »White fragility – weiße Zerbrechlichkeit« nennt das Robin DiAngelo, eine »weiße« US-amerikanische Soziologin. Sie prägte diesen Begriff in ihrem viel zitierten Buch mit dem Titel *Wir müssen über Rassismus sprechen. Was es bedeutet, in unserer Gesellschaft weiß zu sein*«, das 2020 auf deutsch veröffentlicht wurde.[2] Dass Abwehr auf so harte Schuldzuweisungen eine natürliche Reaktion ist, wird nicht einmal in Erwägung gezogen. Weiße sind immer Rassisten, und wer einmal Rassist ist, bleibt immer Rassist. Davon sind so manche Antirassismus-Aktivisten überzeugt. Wie meine Identität ist auch mein

Menschenbild formbar. Menschen sind – sofern sie die kognitiven Voraussetzungen haben – bis ins hohe Alter in der Lage zu lernen, ihre Ansichten zu erweitern und ihr Weltbild zu verändern. Ich möchte mich nicht von solch einer menschenfeindlichen Grundhaltung leiten lassen.

Mit Vorurteilen und ihren (Aus-)Wirkungen habe ich mich als Studentin und Journalistin immer wieder beschäftigt. Als Hochschuldozentin bemühe ich mich seit einigen Jahren darum, über Vorurteile und ihre Auswirkungen zu informieren. In jedem Semester biete ich Seminare an, in denen es unter anderem um dieses Thema geht.

Der Kurs beginnt mit einem Selbstversuch in Anlehnung an wissenschaftliche Experimente; im Lauf der Zeit habe ich den Test verfeinert. Derzeit arbeite ich mit einer Präsentation, die aus 25 Fotos besteht. Bis auf zwei Ausnahmen sind es Fotos von Frauen – mal ist nur der Kopf, mal der Oberkörper, mal der ganze Körper zu sehen. Die Reihenfolge der Bilder ist willkürlich; sie zeigen blonde, dunkelhaarige, lang- und kurzhaarige Frauen, Frauen mit verhülltem Haar, mit Gesichtsschleier oder mit entblößtem Oberkörper; es sind dicke, dünne, hellhäutige, dunkelhäutige Frauen und so weiter. Eine Vielfalt unterschiedlicher Phänotypen.

Zu Beginn zeichnen die Studentinnen und Studenten auf einem leeren Blatt Papier drei Spalten. Die erste Spalte ist für die Antwort auf die bewusst knapp formulierte Frage »Deutsch? Wenn nicht, welche Nationalität?«, die zweite für »Sympathisch oder unsympathisch?« und die dritte Spalte für »Welcher Beruf?«. Danach zeige ich jeweils zehn Sekunden ein Foto, die Studentinnen und Studenten tragen dabei spontan ihre Antworten in die Spalten ein. Nach dem Test sprechen wir ausführlich über die Ergebnisse. Dass unter den Fotos nur eines ist, das gar keine Frau zeigt, fällt meist nur wenigen auf. Es ist ein Foto von Ijoma Mangold. Er ist ein Schwarzer und Kulturredakteur bei der Wochenzeitung *DIE ZEIT;* und nur vereinzelt gibt es Rückmeldungen zu einem weiteren Foto, auf dem eine Burka tragende Person zu sehen ist: Wegen des Sichtschutzes sei nicht erkennbar, ob es sich um einen Mann oder eine Frau handele. Die meisten Studenten und Studentinnen tippen auf Frau.

Unter den Fotos sind einige prominente Personen – jedenfalls sind sie mir bekannt und wohl auch älteren Menschen mit Interesse an gesellschaftspolitischen Themen – wie die Feministin Alice Schwarzer und Aygül Özkan, die als CDU-Politikerin die erste türkischstämmige Ministerin in einer Landesregierung war. Keine / r der Studentinnen und Studenten erkennt diese beiden Frauen. Wir diskutieren über die Frage, warum sie bestimmten Personen deutsch als Nationalität zugeordnet haben; warum sie sich bei manchen Frauen ganz eindeutig für »nicht-deutsch« entschieden haben, welche der gezeigten Personen ihnen auf Anhieb sympathisch oder unsympathisch war und warum. Und welche äußeren Merkmale sie dazu bewogen, den Personen bestimmte Berufe zuzuordnen, warum sie sich bei Kopftuch tragenden Frauen für Hausfrau und bei Frauen mit Bluse für einen akademischen Beruf entschieden. Am Ende der Lehrveranstaltung erkennen alle, was es auf sich hat mit dem Schubladendenken, womit das Urteilen und Beurteilen zusammenhängen kann und vor allem: dass nicht nur sie Vorurteilen und Ausgrenzungen ausgesetzt sind, sondern sie auch selbst – gewollt oder ungewollt – andere wegen bestimmter äußerer Merkmale einordnen, ablehnen oder als sympathisch wahrnehmen.

Mir sind Menschen suspekt, die von sich behaupten, keine Schubladen zu haben, und solche sympathisch, die es sich eingestehen und das kommunizieren können. Um ein Beispiel von mir zu geben: Wenn ich im öffentlichen Raum vollverschleierten Frauen begegne, spüre ich Unbehagen in mir. Ich gebe zu: Vollverschleierte Frauen sind mir nicht geheuer. Wie auch diejenigen, die sich mit Eifer dafür einsetzen, dass solche patriarchalischen Praktiken erhalten bleiben. Seit ich coronabedingt in der Öffentlichkeit eine Maske trage, habe ich eine Ahnung davon, welch eine Beeinträchtigung der Gesichtsschleier ist. Abgesehen von pragmatischen Handlungen wie Naseputzen, Essen und Trinken behindert die Maske auch die Kommunikation. Ich kann nicht wirklich erkennen, ob die Person freundlich oder mürrisch ist, zugewandt oder abweisend. Dass in Deutschland sozialisierte Frauen einer – meines Erachtens – frauenverachtenden Auslegung von Koransuren folgen, verwundert mich. Ich frage mich jedes Mal, warum eine Frau freiwillig ihr Gesicht verhüllt. Und auch, warum mich das triggert. Ich spüre Ärger und packe die Vollverschleierte in die Schublade derer, für die ich kein Verständnis habe. Vermutlich ärgere ich mich, weil ich denke, dass die Begegnung mit einer verschleierten Person nicht auf Augenhöhe erfolgt. Sie verweigert ein wichtiges Element der Kommunikation, die Mimik.

In den Seminaren spreche ich davon, dass es nicht schlimm sei, Vorurteile zu haben, solange wir daraus keine Handlungen ableiten. Schlimm wäre, wenn ich vollverschleierten Frauen gegenüber unfreundlich wäre oder gar, wie es leider auch passiert, den Schleier vom Gesicht herunterreißen und mich gegen das Recht auf Vollverschleierung positionieren würde. Das tue ich nicht.

Mit den Studentinnen und Studenten diskutiere ich über Texte aus der Vorurteilsforschung, zeige Filme über Experimente zu Vorurteilen, aus denen ersichtlich wird, dass wir alle welche haben – ob wir wollen oder nicht, ob wir es uns eingestehen oder nicht. Ich erlebe immer wieder – als Privatperson und Journalistin –, dass meine Vorstellung von Allgemeinwissen widerlegt wird. Und ich beobachte, wie andere davon ausgehen, dass ihr Wissen auch Allgemeinwissen sei. Ein gemeinsames Basiswissen über Vorurteile und ihre unterschiedlichen Stufen, über die Geschichte der Menschheit im Allgemeinen und über die Geschichte dieses Landes im Besonderen würde uns zweifelsohne dabei helfen, konfliktfreier miteinander zu leben. Was uns nicht guttut, ist zu erwarten, dass alle auf dem gleichen Wissensstand sind. Das sind wir nun einmal nicht. Aus unterschiedlichen Gründen.

Dass Jugendliche die Schule ohne ein Grundwissen über Vorurteile verlassen, überrascht mich jedes Mal, wenn ich das Semester mit dem Selbstversuch starte. Ein Teil der Konflikte, über die wir unter dem Label »Diskriminierung und Rassismus« debattieren, führe ich auf diesen Mangel zurück. Viele Menschen sind mit halb leeren Koffern unterwegs. Und das nicht etwa, weil sie mit leichtem Gepäck reisen wollen, sondern weil versäumt wurde, den Koffer zu bestücken. Die Schule wäre ein guter Ort, in dem die Koffer der jungen Menschen gepackt werden könnten, damit sie gut vorbereitet sind auf die Reise durchs Leben.

Schule muss sich ändern

Die Aufgabe von Schule sollte auch darin bestehen, Kinder und Jugendliche mit den Realitäten einer Migrationsgesellschaft vertraut zu machen und mündige, demokratische, kritische Geister heranzuziehen. Kinder und Jugendliche sind das Kapital unserer Gesellschaft. Eine auf Antirassismus fokussierte Politik, die Schule nicht in den Mittelpunkt stellt, ist nicht glaubwürdig. In einer immer diverser werdenden Gesellschaft braucht es einen Neustart in der Schulpolitik. Die Zukunft jedes Individuums und damit der Gesellschaft beginnt hier. Für ein besseres Bildungssystem bräuchte es aber mutige Politiker, die es ernst meinen mit einem konfliktfreieren Miteinander in der pluralen Gesellschaft. Dieses Ziel kann nur ganzheitlich erreicht werden. Eine gute Infrastruktur, eine Lehrerschaft, die auf das Unterrichten in vielfältigen Klassen vorbereitet ist, und Unterrichtsinhalte mit Bezug zu Vielfalt und Migration.

Oft denke ich, wie gut, dass ich meine Schulzeit hinter mir habe. Wie trist, wie grau, wie unansehnlich doch viele Gebäude sind – und wie dunkel es drinnen ist. Wenn ich zu Veranstaltungen in Schulen bin, erschrecke ich darüber, dass die Gebäude, in denen Kinder und Jugendliche so viel Zeit verbringen müssen, nur nach Maßstäben der Funktionalität gestaltet sind. Viele Schulen sind sowohl architektonisch als auch technisch aus dem vorigen Jahrhundert: marode Klassenräume, heruntergekommene Toiletten und Sporthallen. Digitalisierung ist in der Pandemie zum Hauptthema geworden, vor lauter Fokussierung auf die technische Entwicklung sollten aber die architektonischen Mängel nicht aus dem Blick geraten. Denn Schulen sollten ein Lernort sein, auf den sich Kinder und Jugendliche freuen, wenn sie sich morgens auf den Weg machen. Helle Räume mit freundlichen Farben, Räume zum Chillen oder Austoben wären wünschenswert. Und Räume, wo sich Kinder und Jugendliche ausprobieren können – beim Kochen, Nähen, Gärtnern und so weiter.

Es ist ein Armutszeugnis, dass ein so reiches Land wie Deutschland so wenig in Schulen investiert. Um Schulen auf den heute notwendigen Stand zu bringen, sind rund 44 Milliarden Euro nötig. Angesichts der Corona-Pandemie warnt das Deutsche Institut für Urbanistik vor sinkender Investitionsbereitschaft der Städte und Gemeinden. Wenn wir Kinder und Jugendliche zum Lernen ermuntern wollen, und mit Lernen meine ich mehr als nur das Wissen aus den Curricula, dann müssen wir die Rahmenbedingungen in der Schule schaffen. Das kostet Geld, viel Geld. Bildungsforscher, Lehrer und auch Politiker kritisieren, dass ein relativ wohlhabender Staat wie Deutschland nicht mehr Geld in Schulen investiert, anstatt später Fördermittel in Einzelprojekte oder Maßnahmen zu pumpen, deren Effekte nicht einmal bekannt sind, weil sie nicht evaluiert werden. Was bei den Schulen am falschen Ende eingespart wird, kostet an anderer Stelle zigfach, um die vielen Versäumnisse aufzufangen. Hier erweisen sich uneinheitliche Zuständigkeiten zwischen Kommunen, Ländern und dem Bund als zusätzliches Hindernis.

Was sich am »Topos Schule« ändern muss, um der Vielfalt in der Gesellschaft gerecht zu werden, darüber machen sich kluge Köpfe schon seit vielen Jahren Gedanken – Bildungsforscher wie etwa Yasemin Karakaşoğlu und Paul Mecheril. So taucht in Schulbüchern die Realität der Migrationsgesellschaft zu selten auf – sofern engagierte Lehrerinnen und Lehrer das Thema nicht selbst einbringen. Dabei sind Klassengemeinschaften mit vielfältigen Biografien, Herkünften, Sprachen und Religionen in vielen Schulen allgegenwärtig.

Das Thema Migrationsgesellschaft müsste viel stärker Bestandteil der Bildungsinhalte sein – nicht nur in Bezug auf Deutschland, sondern »im weltgesellschaftlichen Raum«, so der Bildungswissenschaftler Professor Mecheril. Migration müsse im globalen Zusammenhang betrachtet werden. Und das eben nicht nur im Geschichtsunterricht, sondern auch in Deutsch und anderen Fächern. In den regulären Lehrplan aufgenommen werden müsste auch die Kolonialgeschichte und die der Gastarbeiter im Zuge der Anwerbeabkommen. Die Frage, was es bedeutet, in einer Migrationsgesellschaft zu leben, sollte für Lernende und Lehrer ein zentrales Thema sein. Davon ist Schule in Deutschland aber weit entfernt. Um gegen Ausgrenzung, Rassismus und Ungleichheit vorzugehen, müsste viel mehr als bisher in Bildung investiert werden.

Kritik über Mängel und Missstände an Schulen bekommen meist die Lehrer zu spüren. Die Erwartungen an sie seitens der Eltern, Schülerinnen und Schüler und der Zivilgesellschaft sind riesig: Wissen vermitteln, allen Schülern gegenüber aufmerksam und immer fair sein, bei Konflikten schlichten, jederzeit erreichbar und stets die Ruhe in Person sein. Natürlich ist das nicht möglich. Man erwarte von Lehrern »göttliche Objektivität«, sagt Migrationsforscher Mark Terkessidis. Ich pflichte ihm bei. Lehrer sind auch nur Menschen. Was zunächst etwas platt klingen mag, soll sagen: Lehrer sind Menschen wie Sie und ich. Sie haben ihre Vorurteile und handeln nach Stereotypen. Für die einen – wie bei meiner Freundin

Dagmar – ist der Beruf eine Berufung, sie brennen für das, was sie tun, und sehen in jedem einzelnen Schüler ein Individuum mit Stärken und Schwächen. Unterstützen ihre Schülerinnen und Schüler, weil sie sich auf deren Potenzial konzentrieren und um die Defizite kein großes Aufheben machen.

Diese Dichotomie, gute versus schlechte Lehrer, entspricht natürlich nie ganz der gelebten Realität. Weil die meisten Lehrkräfte manches gut machen und anderes weniger gut. Meine Freundin Dagmar, die so alt ist wie ich, sieht sich nicht per se als Prototyp der »guten Lehrerin« – im Vergleich zu dem »jugendlichen, muskulösen Sportlehrer«, der eine undisziplinierte siebte Klasse mit seiner lauten Stimme und seinem bestimmenden Auftreten besser zur Räson bringe, während ihre Begabung eher bei einer Klassenmediation zum Tragen komme.

Lehrer verdienen mehr Unterstützung, zum Beispiel durch multiprofessionelle Teams, bestehend aus Lehrern, Schulpädagogen, Sozialarbeitern und Psychologen.

Meine Freundin Dagmar, die auch nach fast 25 Jahren ihres Berufs nicht müde geworden ist, habe ich gefragt, was aus ihrer Sicht eine gute Schule sei. »Statt einseitig auf die Wissensvermittlung und deren Überprüfbarkeit zu schielen, müsste gefragt werden, welche Voraussetzungen Kinder und Jugendliche brauchen, um ihre Potenziale auszuschöpfen. Ein gutes Lernklima, ein vertrauensvolles Miteinander der Schülerinnen und Schüler untereinander sowie im Verhältnis zur Lehrkraft müssten hier an vorderster Stelle stehen.« Sie wünscht sich kleinere Klassen, das wäre ein wichtiger Schritt, auch wenn Kultusminister die Relevanz der Gruppengröße mit Blick auf die Bildungsforschung gern verneinten. Doch die Praxis zeige: Kleinere Klassen ermöglichen eine genauere Wahrnehmung des Einzelnen und schaffen Bindung. Wichtig sind Strukturen, die jenseits von Leistungsdruck die Begegnung fördern: ein offener Tagesanfang, ein wöchentliches gemeinsames Mittagessen oder zumindest eine Klassengemeinschaftsstunde, die im Stundenplan fest verankert ist.

Dagmar macht als Klassenlehrerin sehr viele Überstunden. Unbezahlte Zeit, weil ihr der Kontakt zu Schülerinnen und Schülern sowie den Eltern wichtig ist. Weil die Organisation der Arbeit von Klassenlehrkräften nicht mit Unterrichtsentlastung oder zusätzlicher Bezahlung verbunden ist, führe das leider dazu, dass Unterstützungsangebote für Schülerinnen und Schüler mit dem Engagement einzelner Lehrkräfte – oder auch ihrer Bereitschaft zur Selbstausbeutung – stehen und fallen.

Auch der Koordination der Lehrkräfte untereinander – zum Beispiel in Klassen- oder Jahrgangsteams – müsste mehr Raum gegeben werden, das käme sicher direkt den Kindern und Jugendlichen zugute. Solche Vorhaben sind auf Verbündete auf der Entscheidungsebene angewiesen. Sie gilt es zu überzeugen, sie gilt es zu gewinnen für Reformen in der Lehrerausbildung, für eine schnellere Überarbeitung der Schulcurricula, für Angebote in der Weiter- und Fortbildung.

Lehrkräfte brauchen professionelle Begleitung für das Reflektieren ihrer Arbeit und ihres Schulalltags. Dagmar sagt: »Im Zusammenhang mit dem Thema Rassismus-Antirassismus bedeutet das für mich persönlich, dass ich offen bin für neue Erfahrungen, offen, meine als sicher geglaubten Weltbilder zu hinterfragen und meine Erfahrungen auch aus einem anderen Blickwinkel zu beleuchten. Als Mensch neige ich immer zu Schubladendenken und Vorurteilen, aber als Lehrerin kann ich zumindest an meiner eigenen professionellen (und menschlichen) Weiterentwicklung arbeiten und versuchen, Situationen zu vermeiden, die meine Schülerinnen und Schüler als schwächend erleben.«

Damit sie ihre Schüler nicht als *troublemaker* und »Kopftuchmädchen« wahrnehmen, sondern Menschen mit individuellen Eigenschaften, brauchen Lehrer und Lehrerinnen mehr Zeit für Beziehungspflege. Denn ohne Beziehungen kann es, wie es aus der Neurobiologie bekannt ist, keine Motivation geben.[3]

Die Schülerschaft setzt sich aus unterschiedlichen Familienstrukturen und sozialen Milieus zusammen. Nicht immer stammen sie aus intakten Elternhäusern. Psychische oder sonstige Probleme nehmen zu. Nach der Pandemie werden sich diese Probleme verzigfacht haben – und Lehrer und Lehrerinnen benötigen Zeit und Unterstützung, um nicht noch mehr als bisher an ihre Grenzen zu gelangen.

Man muss nicht Studien durchforsten, um die fatalen Folgen einer unzureichenden Bildungslandschaft zu verstehen. Es gibt tolle Romane von Menschen, die ihren Leidensweg durch das deutsche Schulsystem beschrieben haben. Lesen Sie *Streulicht* von Deniz Ohde. Die Autorin mit türkischstämmigem Vater und deutscher Mutter beschreibt anhand der Geschichte einer namenlosen Protagonistin, wie es ist, Migrationshintergrund zu haben und Arbeiterkind – also eine Schülerin mit »Mehrfachdefiziten« – zu sein. Eindrucksvoll zeigt diese Autofiktion, welche Folgen es haben kann, wenn man nicht wirklich gesehen wird von Lehrern.

Im Juni 2018 begannen Jugendliche und Erwachsene mit sogenanntem Migrationshintergrund, unter dem Hashtag #MeTwo über ihre Erfahrungen mit alltäglichem Rassismus zu schreiben. Viele berichteten auch über Erlebnisse aus der Schulzeit. Bei manchen der Schilderungen war und bin ich mir nicht sicher, ob sie wirklich auf rassistische Einstellungen zurückzuführen sind. Ich möchte nicht falsch verstanden werden, daher betone ich ausdrücklich: Es gibt Lehrer, die sich rassistisch verhalten. Manche sind sich ihrer Einstellungen bewusst und handeln in diesem Wissen, andere nicht. Wie auch, wenn sie nicht trainieren konnten, sich zu hinterfragen, und nicht ausreichend auf den Schulalltag in einer höchst diversen Klasse vorbereitet worden sind.

Als Medien über die Tausenden von MeTwo-Tweets berichteten – mit dem Tenor, dass diese Aktion quasi eine Bestandsaufnahme von Schule in Deutschland sei – fragte ich mich: Was macht der Dauerbeschuss mit all den Lehrerinnen und Lehrern? Mit den »guten« wie auch den »schlechten«? Tun wir den »guten« durch das Generalisieren nicht unrecht? Wecken moralische Keulen die »schlechten«? Führt das Anprangern zum Ziel, nämlich dass benachteiligte Kinder und Jugendliche besser wahrgenommen werden? Ich denke: nein!

Ich verstehe die Kritik und die Wut der Menschen, die aufgrund ihrer Herkunft oder Identität benachteiligt wurden und Rassismus in der Schule erlebten. Ich möchte sie aber auch ermuntern zu schauen, ob sie im Rückblick auf ihre Schulzeit nicht auch etwas Gutes aufstöbern. Denn unter denen, die sich unter #MeTwo als Menschen mit mehrfachen Identitäten gemeldet haben, um ihre Rassismuserfahrungen öffentlich zu machen, waren viele, die nicht nur mit einem Hauptschulabschluss die Schule beendet haben.

Wer ernsthaft etwas gegen Rassismus unternehmen will, der sollte vor allem Geld in die Lehrerausbildung und -fortbildung investieren und nicht nach dem Gießkannenprinzip in einzelne Workshops oder Projekte stecken und an diesen oder jenen Verein verteilen. Vor allem, weil es hierzulande so gut wie keine durchdachten Konzepte für antirassistische Arbeit gibt, geschweige denn Evaluationen. Viele haben den Antirassismus entdeckt und wollen mitmischen – aus ehrenhaften, ideologischen und auch aus ökonomischen Gründen. Nicht immer sind die Motive uneigennützig. Antirassismus-Arbeit wird leider auch als Geschäftsmodell genutzt. Die Debatte um Identitätspolitik ist auch und vor allem ein Kampf um Ressourcen, wer welche Fördermittel bekommt, um Community-Arbeit zu finanzieren. Dass so manches der Angebote auf dem Markt eher Unheil anrichtet, sei hier nur am Rande erwähnt. Ich möchte mich nicht an Antirassismus-Akteuren mit fragwürdigen Motiven und Konzepten abarbeiten. Definitiv gibt es in anderen Ländern bereits wertvolle Ansätze, die den Blick über den Tellerrand lohnen.

Auch wenn wir über die Medien und die persönlichen Erfahrungen via Hashtags viel Negatives über Lehrer erfahren: Es gibt auch eine positive Entwicklung. Eine neue Generation von Lehrkräften ist an den Schulen, sie ist mit Vielfalt groß geworden und hegt keine Ressentiments gegen die Ahmets, Begüms, Cheymas, Damirs, Kevins, Schantalls und Jaklines. Eine von ihnen wird Saida Hashemi sein – die Lehramtsreferendarin ist die Schwester von Said Nesar Hashemi, einem der neun Opfer des Attentats von Hanau.

Seminar und Salon als Safe Spaces

Safe space. So heißen in der antirassistischen Sprache die Orte, an denen verletzte und verletzliche, so genannte »rassifizierte«, »marginalisierte« und »migrantifizierte« Menschen zusammenkommen. In diesen Schutzräumen tauschen sie sich aus, tanken Energie, stärken sich gegenseitig, um sich gegen die Anfeindungen in der Welt draußen behaupten zu können. Und dies meist unter Anleitung. Empowern nennt sich das in der Fachsprache.

Mir gefällt das Wort »empowern« in diesem Zusammenhang nicht. Es weckt in mir keine positiven Assoziationen, ich denke dabei an Kriegsvorbereitung. Vielleicht liegt es daran, dass ich manche antirassistischen Aktionen und Akteure so wahrnehme, als wären sie auf einem Feldzug. Auch mit dem Begriff *safe space* konnte ich mich eine ganze Weile nicht anfreunden, er triggerte mich, ich hatte wenig Verständnis für die, die sich in Schutzräume begeben, um sich gegenseitig ihr Leid zu klagen.

Ich lerne dazu. Nach einem Wochenende mit Menschen aus der Antirassismus-Arbeit bin ich dem Grund meines Widerstands auf die Spur gekommen. Es hängt mit meiner eigenen Geschichte zusammen – damit, dass ich mich als Kind und Jugendliche so ganz ohne *safe space* im wahrsten Sinne des Wortes durchboxen musste. An wen hätte ich mich in der Schule wenden können, um mich über die Jungs zu beschweren? Wie ohne Sprache davon erzählen können? Wenn mal wieder einer der Mitschüler auf mich einschlug, war ich anfangs der Gewalt hilflos ausgesetzt; nach einiger Zeit schlug ich aber zurück. Und zwar so, wie es mir meine Mutter gezeigt hatte. Ich sehe sie vor mir, wie sie mir sagt: »Du lässt dir nichts gefallen und dich von niemandem schlagen.« Und dann führt meine Mutter mir vor, wie ich mich wehren könne.

Was die *safe spaces* anbelangt, würde ich inzwischen widersprechen, wenn jemand sie als »Marotte hypersensibler Menschen« bezeichnet. Was in diesen »sicheren Orten« stattfindet, würde ich aber nicht mit dem englischen Begriff beschreiben. Bei der Gelegenheit: Warum gibt es in den Rassismusdebatten so viele Anglizismen? Liegt es an den Diskursen, die wir aus den USA importiert haben? Ich bevorzuge Ermutigung anstelle von Empowerment. Auch Selbststärkung.

Vielleicht braucht es wirklich diese Räume, um sich gegenseitig zu stärken, um den Anfeindungen und Diskriminierungen in der »realen Welt« gewachsen zu sein. Mir fällt ein Erlebnis von vor drei Jahren ein. Ein Fahrgast fühlte sich im Ruheabteil eines ICE vom Klingeln meines Handys und meinem Telefonat auf Türkisch offensichtlich so gestört, dass er mich anschrie. Er beschimpfte mich mit einem heftigen Satz: »Solche Viecher wie dich dürfte es hier nicht geben.« Ich reagierte darauf gelassen und bat im Abteil um Zeugen des Vorfalls. Es meldete sich von etwa zwanzig Fahrgästen nur einer. Natürlich könnte ich mich darauf fokussieren, dass alle anderen auf meine Bitte nicht eingingen. Aber was hätte ich davon? Immerhin meldete sich einer. Einer, der Zivilcourage bewies. Wir tauschten Kontaktdaten aus, später rief ich ihn an, um zu erfragen, was ihn denn bewogen habe, nicht so zu tun, als hätte er nichts mitbekommen. Es sei das erste Mal gewesen, dass er Rassismus im öffentlichen Raum mitbekommen habe, erzählte mir Arvid Häusser. Das habe ihn schockiert, noch mehr schockiert habe ihn aber, dass alle anderen nicht aus »ihrer Komfortzone rausgegangen« seien. Ihm selbst sei es wichtig gewesen zu handeln. Im Nachhinein habe er festgestellt, dass es ein gutes Gefühl gewesen sei, handlungsfähig zu sein.

Wir alle können lernen, auf herablassendes, diskriminierendes, rassistisches Verhalten angemessen zu reagieren. Entweder, indem wir nicht in der Komfortzone bleiben, sondern den Angegriffenen beiseitestehen, oder als direkt Betroffene nicht in der Opferposition erstarren, sondern uns um einen kühlen Kopf und Handlungsfähigkeit bemühen.

Wenn ich über meine Arbeit an der Hochschule Darmstadt nachdenke, kommt mir in den Sinn, dass die dortigen Kurse im Grunde zunehmend zu so etwas wie *safe spaces* geworden sind. Als ich vor etwa acht Jahren im Fachbereich Gesellschaftswissenschaften mit den Kursen begann, war es noch nicht so. Hochschulseminare als öffentliche Bildungsangebote sollten nicht zugangsbeschränkt oder exklusiv sein, daher die Betonung auf »so etwas wie«. Doch unter den Kursteilnehmern sind zunehmend Studentinnen und Studenten mit Migrationsbezug oder aus Minderheitengruppen. Hochschullehre ist nicht Seelsorge oder soll nicht der NGO-Strategieplanung dienen, korrekt. Wenn durch die Zusammensetzung der Kursteilnehmer Reflexionsräume geschaffen werden, dann spricht aber meines Erachtens nichts dagegen, dass Seminare den Charakter eines *safe space* annehmen.

In den Kursen diskutieren wir mal über wissenschaftliche Befunde, mal über tagesaktuelle Ereignisse, mal tauschen wir uns aus über persönliche Erfahrungen und Erlebnisse in dieser Gesellschaft und reflektieren gemeinsam. Was gefällt ihnen an diesem Land konkret? Und was konkret nicht? Ein Thema, das immer mehr in den Fokus rückt: das Zugehörigkeitsgefühl. Welcher Voraussetzungen bedarf es, damit es da ist? Was und wer könnte dazu beitragen, sich nicht ausgeschlossen zu fühlen? Ich kann es empirisch nicht belegen, habe lediglich ein Gefühl: Etwas in der Wahrnehmung junger Angehöriger aus Minderheiten und Migrantenfamilien verändert sich: Sie positionieren sich zunehmend als Opfer der Mehrheitsgesellschaft. Das kommt nicht von ungefähr, denke ich. Die Migrations- und Rassismusdebatten haben sich verschoben, und der Opferstatus als Deutungsangebot ist präsenter.

Was mir auch auffällt: Die Studierenden haben ein enormes Bedürfnis, sich über ihre Wahrnehmungen auszutauschen. Meist moderiere ich die Gespräche und interveniere, wenn sie zu sehr an Fahrt aufnehmen. In den Kursen sind auch Teilnehmer dabei, die sich kaum oder wenig beteiligen. So ist es ja meistens: Es gibt Leute, die eher zuhören, als dass sie mitmischen. Auch die Stillen nehmen etwas mit.

Zu einem dieser *safe spaces* hat sich der Literarische Salon entwickelt, den ich seit einigen Semestern anbiete. Ausgehend von Romanen, Essays oder Sachbüchern von Autorinnen und Autoren, die Migrationsbezüge haben oder einer marginalisierten Gruppe angehören, sprechen wir im Salon über Identität, Zugehörigkeit, Heimat und Fremdheitserfahrungen in unserer Gesellschaft. In Kooperation mit der Schader Stiftung in Darmstadt finden zudem öffentliche Autorengespräche statt. Im Sommersemester 2021 fanden die Gespräche unter dem Titel »Ich, Du und die Anderen – ›fremde‹ Erfahrungen« statt.

Gäste der Autorengespräche waren unter anderem Asal Dardan *(Betrachtungen einer Barbarin),* David Mayonga *(Ein ~~Neger~~ darf nicht neben mir sitzen)* und Anna Prizkau *(Fast ein neues Leben).* In den vorherigen Semestern waren es Dilek

Güngör *(Ich bin Özlem)*, Lena Gorelik *(Meine weißen Nächte)*, Alice Hasters *(Was weiße Menschen über Rassismus nicht hören wollen aber wissen sollten)*, Cihan Acar *(Hawaii)*, Deniz Ohde *(Streulicht)* und Ronya Othmann *(Die Sommer)*. Die Autoren und Autorinnen thematisieren in ihren Büchern aus unterschiedlicher Perspektive das Leben junger Menschen in Deutschland, die nicht der »Norm« entsprechen. Sie ermöglichen Einblicke in Lebenswelten unserer Gesellschaft und Gedankenwelten von Menschen, die einem Großteil der alteingesessenen Bevölkerung nicht bekannt sind. Meinen Studentinnen und Studenten öffnen die Bücher eine Tür zu Reflexionsräumen und somit auch zu sich selbst.

Asal Dardals Buch stellte im Kurs eine junge Studentin vor, deren Eltern aus Vietnam stammen. Huyen beendete ihre Präsentation so: »Ich bin so froh, dieses Buch gelesen zu haben. Endlich lese ich über das, was ich fühle und für das ich bisher selbst keine Worte, keine Sprache hatte.« Momente wie diese bestärken mich darin, gesellschaftspolitische Debatten auch über Literatur zu führen. Denn das Erzählte bietet Zugang zu den eigenen Gefühlen und Wahrnehmungen. Und gleichzeitig ermöglicht es den Zugang zu anderen »Welten«.

Vor vierzig und mehr Jahren, als ich begann, mich bewusst mit der Frage zu beschäftigen, wer ich bin und wer die anderen sind, fand ich in Büchern Zuflucht, Antworten und Orientierung. Auch in Romanen und Erzählungen von Autoren und Autorinnen, die über das Leben von Menschen wie mir geschrieben haben. Damals schrieben aber nicht so viele auf Deutsch. Sehr in Erinnerung geblieben ist mir das 1991 erschienene Buch *Schwarzer Tee mit drei Stück Zucker* von Renan Demirkan. Ich erkannte mich wieder in der Icherzählerin, die nach ihrem Platz in der deutschen Gesellschaft sucht und sich an die Kindheit in der Türkei erinnert. Demirkan, 1955 an der Schwarzmeerküste geboren und aufgewachsen, kam wie ich als Kind nach Deutschland und wurde zunächst als Schauspielerin bekannt. *Schwarzer Tee mit drei Stuck Zucker* war ihr erstes Buch und war lange auf den Bestsellerlisten, was für mich zum Ausdruck bringt, dass ein Interesse an den Geschichten bestand, die wir »Türkenkinder« zu erzählen haben.

In den 1970er und 1980er Jahren wurden Bücher von Autoren nicht-deutscher Herkunft als »Gastarbeiterliteratur« veröffentlicht, später als »Migrantenliteratur« und noch später als »interkulturelle Literatur«. Es gab Bücher von hoher literarischer Qualität, deren Autoren bis 2017 mit dem Chamisso-Preis, den die Bosch-Stiftung lange vergab, ausgezeichnet wurden. So etwa Rafik Schami, SAID, José F.A. Oliver, Terézia Mora, Marjana Gaponenko, Feridun Zaimoğlu und Artur Becker. Und es gab solche, die keine erzählerische Meisterwerke sind, aber Einblicke in die Lebenswirklichkeit von Menschen gewährten, die zum Arbeiten nach Deutschland kamen und geblieben sind.

Wie sehr unsere Gesellschaft sich verändert hat, spiegeln die Neuerscheinungen auf dem Büchermarkt wider. Autoren, die früher höchstens in Nischenverlagen erschienen, veröffentlichen inzwischen ihre Bücher in renommierten Verlagen wie etwa Hanser, Suhrkamp und Ullstein. Braucht es eine besondere Bezeichnung für all diese Autoren, die biografische Bezüge zu anderen Ländern haben und/oder andere Erfahrungen machen als Herkunftsdeutsche? Ich denke nicht. Was es aber braucht: Zugänge zu ihren Büchern. Im Literaturkanon deutscher Schulen sind sie (noch) kaum zu finden. Das sollte sich ändern. Denn die Geschichten dieser Autoren können Ähnliches bewirken wie das direkte Gespräch. Wenn wir es ernst meinen mit dem Antirassismus, dann müssen wir auch über Formen der Vermittlung nachdenken, die nicht in Antirassismus-Workshops und Diversity-Trainings münden und die langfristig angelegt sind.

In meinem Mikrokosmos an der Hochschule Darmstadt erlebe ich die positive Wirkung. Dann nämlich, wenn wir während des Semesters an Donnerstagnachmittagen zusammenkommen und uns über unsere Lektüreeindrücke austauschen. Darüber kommen wir wiederum ins Gespräch über Fragen, die die Studentinnen und Studenten beschäftigen: Identität, Herkunft, Selbst- und Fremdwahrnehmung und was Fremdzuschreibungen für eine Wirkung haben (können).

Einer der Gäste des Literarischen Salons im Sommersemester 2021 war David Mayonga. Wenn im Kurs Migrationsgesellschaft das Thema Vorurteile dran ist, arbeite ich mit einer Dokumentation des Bayerischen Fernsehens, in dem es einen Beitrag über ihn gibt.

David ist ein »waschechter Bayer«. Einen Anlass, ihn in den Literarischen Salon zu holen, fand ich, weil er ein Buch geschrieben hat. Der Sohn einer deutschen Mutter aus Markt Schwaben und eines aus dem Kongo stammenden Vaters hat einen provokanten Titel gewählt: *Ein ~~Neger~~ darf nicht neben mir sitzen.* In der zweiten Auflage hat er das Wort »Neger« belassen, aber durchgestrichen.

David erzählt über seine Kindheit als Schwarzer in der bayerischen Provinz und informiert über Alltagsrassismus. Was er auf keinen Fall machen wollte: »Eine Opfergeschichte erzählen.« Und das ist ihm echt gut gelungen! Der 40-Jährige ist Musiker und Moderator beim Bayerischen Rundfunk. Vorher hat er »dies und das« gemacht – etwa »Kunstgeschichte studiert, später dann Pädagogik, Psychologie und politische

Wissenschaften. Schlussendlich ist ein Magister in Pädagogik mit dem Nebenfach Kunstgeschichte rausgekommen.«

David ist nicht belehrend, und er äußert sich auch nicht verächtlich über »Weiße«. Und gerade deswegen ermöglicht er einen Perspektivwechsel und das Reflektieren des eigenen Verhaltens und der eigenen Ansichten. Sein Buch bietet viele Anhaltspunkte, um ins Gespräch zu kommen. So nimmt eine Studentin, deren Eltern aus dem Iran stammen, die Lektüre zum Anlass, um über ihre Erfahrungen zu sprechen. Davon, wie es ihr als Kind in einem hessischen Dorf ergangen ist, wie sehr sie gelitten hat an ihrem Anders-Aussehen, Anders-Sein und dem Ausgegrenzt-Werden. Sie spricht sehr leise davon, wie diese Kindheitserfahrungen sie auch heute noch belasten.

Wie kann ich in so einer Situation angemessen auf ihr Gefühl von Nicht-beheimatet-Sein reagieren? Ich versuchte mit wenigen Worten, Anteil zu nehmen an ihrer Trauer. Oft reicht es, zuzuhören und zuzustimmen. Denke ich. Diese Studentin gehört nicht zu den wütenden, sondern zu den traurigen jungen Menschen in diesem Land, die an ihrer »Norm-Abweichung« leiden, die mit den subtilen und groben Diskriminierungen nicht klarkommen. Was braucht es, damit von Ausgrenzung betroffene Menschen ihr Selbstwertgefühl nicht davon abhängig machen, wie andere über sie urteilen? Diese Fragen beschäftigen mich. Ich würde diesen jungen Menschen so gerne mehr Zuversicht und mehr Selbstbewusstsein vermitteln, sie darin bestärken, sich nicht so sehr vom Urteil anderer aus dem Lot bringen zu lassen.

Die Autorengespräche und der Austausch mit den Studentinnen und Studenten bestärken mich darin, für das Erzählen und das An-Einander-Zuhören zu werben. Erzählen, beschreiben, erklären, aber nicht belehren und beklagen. David ist für mich eines der positiven Beispiele dafür, wie anti-rassistisches Engagement gut funktionieren kann. Er ist ein humorvoller, zugewandter Mensch, der ohne Wut und Bitterkeit über Alltagsrassismus geschrieben hat und öffentlich darüber spricht, auch über Verletzungen, aber ohne sich in die Opferposition zu begeben. Ihm gelingt, was ich so wichtig finde: ohne Anklage und ohne das Schwingen der Moralkeule zu sprechen.

Am Tag nach dem öffentlichen Autorengespräch via Zoom telefonieren David und ich. Weil es noch so vieles gibt, was wir in dem 90 Minuten langen digitalen Dialog nicht besprechen konnten. Themen, die uns beiden wichtig sind. Nämlich, dass das Sprechen in der eigenen Community ein anderes sein kann als in der Öffentlichkeit. David und ich sind uns einig darüber, dass das generelle Abkanzeln »alter weißer Männer« nicht in Ordnung ist. Im Gegensatz zu mir denkt er aber, dass dieser Rundumschlag zur Selbstreflexion bei den jüngeren »Weißen« führen könne. Nach dem Motto: »Hey, ich will später nicht so ein alter weißer Mann sein, also achte ich auf mein Denken und Handeln.«

Einig sind wir uns auch, dass Menschen mit Rassismus-erfahrungen und verletzte Minderheiten an Traumata leiden, für die nicht nur die »weiße Gesellschaft« verantwortlich ist. Da ist noch so vieles andere, das hinzukommt: Erziehung im Elternhaus, die soziale Schicht, die ökonomischen Verhältnisse, der Habitus. Es sind eben auch die feinen Unterschiede, die kulturellen Codes, die zu dem Gefühl beitragen, nicht dazuzugehören.

Wir, David und ich, stellen fest, dass Kränkungen Vorwürfe verursachen. »*Mental health*«, sagt David, sei wichtig, um in den Dialog zu gehen. »Im Grunde bräuchten alle eine

Therapie«, sage ich. Wir lachen. Und dann stellen wir fest, dass Leute wie er und ich eine Aufgabe haben: Brücken bauen als Berufung. Zwischen jungen Leuten, die Ausgrenzung erfahren, und jenen, die nicht wahrnehmen, dass sie vielleicht auch zu denen gehören, die ausgrenzen. Eine zuweilen ermüdende Aufgabe. Eine, die wir als wichtig erachten, damit die nächsten Generationen es besser haben.

David widmet sich dieser Aufgabe in seinem Buch, als Radio-Moderator und als Hip-Hop-Musiker. Als Roger Rekless. »Rekless tut Dinge«: So sein Motto. Er kommt über seine Musik ins Gespräch mit Menschen. Ich habe mein Ziel lange über den Journalismus verfolgt, jetzt eher über Seminare und über Literatur, wie schon nach meinem Studium, als ich mit zwei Freundinnen den Arbeitskreis Migrantenliteratur gründete und Autoren zu Lesungen und Gesprächen einlud. Andere bauen Brücken über Theater oder Tanz, über Küche und Kochen, über Sport und vieles andere.

Wir machen es auf sehr unterschiedliche Weise, haben aber das gleiche Ziel: unseren Beitrag zu leisten zum respektvollen Miteinander und einer Begegnung auf Augenhöhe. »David, das Leben ist kein Ponyhof. Wir können niemanden dazu zwingen, auf uns Rücksicht zu nehmen, nicht darauf bestehen, mit Samthandschuhen angefasst zu werden«, sage ich. Und spüre, dass ich erleichtert bin, weil er mir zustimmt. Wir beenden das Telefonat. Ein paar Stunden später meldet er sich und bittet darum, dass ich noch etwas ergänze, hier an dieser Stelle: »Natürlich können wir niemanden zwingen, mitzugehen bei den Veränderungen, die es in unserem Land gibt«, sagt David, »aber es wäre doch schön für uns alle, wenn wir mental nicht stecken bleiben, sondern uns darauf einlassen.« Wir alle. Sie, du und ich.

Zum Schluss

Vier Wochen nachdem ich begonnen hatte, an diesem Buch zu arbeiten, wollte ich aufgeben. Und vier Wochen vor Manuskriptabgabe packten mich erneut Zweifel, und wieder wollte ich alles hinwerfen. Meine Familie und Freunde haben mich ermuntert, unbedingt weiterzumachen. Was habe ich zu verlieren, wenn ich weitermache? Die Antworten, die ich beim In-mich-Hineinspüren fand, überzeugten mich nicht immer. Aber: Ich gebe ungern auf. Also machte ich weiter. Ich habe nachgedacht, meine Gedanken verworfen, mich auf neue Fährten begeben, geschrieben, gelöscht und neu geschrieben. Am Ende ist das Buch viel persönlicher geworden, als ich geplant hatte.

Was soll ich sagen? Das Projekt hat sich verselbstständigt. Ich bin meiner inneren Stimme gefolgt und habe mich von ihr leiten lassen. Geschrieben habe ich im Wissen darüber, dass vieles viel zu kurz ist und vieles nicht einmal vorkommt. Antimuslimischer Rassismus beispielsweise bleibt weitgehend unerwähnt – aber nicht, weil ich das Thema als unwichtig erachte. Im Gegenteil: Gerade weil es mich sehr beschäftigt und ich mir klar darüber bin, dass es so komplex ist, wollte ich es nicht in einem Kapitel abhaken. Antimuslimischer Rassismus: Das ist ein Minenfeld. Schon allein die Diskussion über den Begriff würde ein Buch füllen, denke ich.

Was kaum in den Debatten vorkommt – auch in diesem Buch, obwohl ich beabsichtigt hatte, darüber ausführlicher zu schreiben: antislawischer Rassismus. Warum eigentlich rückt dieses wichtige Thema nicht auch in den Fokus, wie »antischwarzer Rassismus« und die deutsche Kolonialgeschichte in Afrika? Liegt es daran, dass die Schwarzen Communities besser vernetzt sind mit Medienschaffenden und dadurch Einfluss auf die medial geführten Debatten nehmen können? Es gibt diese Interpretation. Ich lasse das mal so stehen.

Von Rassismus sind nicht nur Schwarze oder sogenannte PoC betroffen, sondern ebenso Menschen aus Osteuropa und aus Ländern der ehemaligen Sowjetunion – und diese eben als »Weiße«. Nicht, weil sie als weiß »gelesen« werden, sondern weil sie aus dem östlichen Europa kommen. Dennoch passen sie nicht in ein Schwarz-Weiß-Schema. Auf diese »Leerstelle in diesem antirassistischen Diskurs« weisen Hans-Christian Petersen und Janis Panagiotidis hin.[1] Petersen forscht an der Universität Osnabrück zu Migration und Integration der Russlanddeutschen, Panagiotidis leitet das Recet-Zentrum für Transformationsgeschichte an der Universität Wien. Die beiden Wissenschaftler erklären in einem *taz*-Interview, dass seit 1945 versäumt wurde, die Verbrechen der Nationalsozialisten, und allen voran der Wehrmacht in Osteuropa, lückenlos aufzuarbeiten und auch eine historische Kontinuität von antislawischem Rassismus aufzuzeigen.

Das spiegele sich in heutigen Rassismus-Diskussionen, so Petersen in einem persönlichen Gespräch. »Ohne es gegeneinander aufrechnen zu wollen, muss darauf hingewiesen werden, dass ein gewichtiger Teil der Kolonialgeschichte in Osteuropa liegt.«

Infolge der deutschen Besatzungs- und Vernichtungsherrschaft seien im Zweiten Weltkrieg allein in der Sowjetunion 28 bis 29 Millionen Menschen gestorben – ohne die rassistische Ideologie und ohne die Vorstellung des sogenannten »slawischen Untermenschen« könne das nicht erklärt werden. »Der herablassende Blick Deutschlands auf Osteuropa hat schon lange vorher existiert«, sagt Petersen. »Osteuropa war zwar keine formale Kolonie, aber das Handeln war so, und auch der Blick auf Osteuropa war ein kolonialer.« Der antislawische Rassismus passe nicht in das Bild derer, die sich ausschließlich am Nord-Süd- und Schwarz-Weiß-Schema orientierten. Diese binäre Logik hält Petersen für problematisch. Wie auch die Annahme, dass »weiße« Menschen sowieso rassistisch seien in dem, was sie tun. »Das ist sehr verkürzt und letztendlich essentialistisch – wie auch das Ausblenden der Ambivalenz, dass Opfer genauso Täter sein können.«

Die deutsche Kolonialgeschichte im Osten beginnt mit der Aufklärung, zum Ende des neunzehnten Jahrhunderts nimmt sie eine völkisch-rassistische Wendung; der negative Höhepunkt ist laut Petersen der Nationalsozialismus und die Besatzungsherrschaft im Osten Europas. »Eines der schlimmsten Beispiele neben dem Genozid an den europäischen Juden und Jüdinnen, der Shoah, ist die Blockade von Leningrad.[2] Die Stadt war rund neunhundert Tage von der Wehrmacht umringt und ist bewusst nicht eingenommen worden, sondern sollte ausgehungert werden«, berichtet der Historiker. Über eine Million Menschen seien verhungert und erfroren. »Das ist eines der größten Kriegsverbrechen, von dem weiß hierzulande aber kaum jemand. Wichtig zu wissen: Diese Kriegsführung basierte auf der Lebensraumpolitik im Osten und der Annahme, dass die Menschen im Osten nicht gleichwertig, sondern sogenannte slawische Untermenschen sind.«

Worauf führt Petersen es zurück, dass dieser »gewichtige Teil der deutschen Rassismus- und Kolonialgeschichte weitgehend unbeachtet bleibt in den Rassismusdebatten? Zum einen auf das schon traditionell defizitäre Wissen in Deutschland über und den überheblichen Blick auf das östliche Europa. Aber auch auf eine teilweise dogmatische Verengung postkolonialer Perspektiven in akademischen und aktivistischen Kreisen, für die es augenscheinlich nicht geben dürfe, was der eigenen Sichtweise nicht entspreche.

Mir ist es wichtig, auf diese Lücke in den Rassismusdebatten hinzuweisen – und auch darauf, dass das Negieren des Rassismus gegen Weiße uns nicht weiterführt in dem Engagement für Gleichheit und Gerechtigkeit.

Dass ich ein Buch über Rassismus geschrieben habe, ohne auch nur Rassismus definiert zu haben, wird sicher verwundern. Ja, ich war so kühn, darauf zu verzichten. Dies nicht nur, weil es so viele unterschiedliche Definitionen und Interpretationen gibt, sondern auch wegen des meiner Ansicht nach geradezu inflationär gewordenen Rassismusvorwurfs; neuerdings wird vieles auf Rassismus oder strukturellen Rassismus zurückgeführt. Meinen Schilderungen lässt sich entnehmen, dass ich nicht alles, was als rassistisch wahrgenommen wird, als solches bewerte.

Es ist mir bewusst, dass ich es nicht allen recht machen werde, weil ich es auch nicht allen recht machen kann, ich genüge ja nicht einmal mir selbst. Wenn ich das gedruckte Exemplar des Buches in der Hand halten und es so lesen werde, als wäre es von »fremder Feder verfasst«, dann werde ich möglicherweise über die eine oder andere Passage den Kopf schütteln. Beim Recherchieren und Schreiben bin ich meinen eigenen Ressentiments auf die Spur gekommen, ich habe mich bemüht, mich nicht von ihnen leiten zu lassen, ihnen nicht auf den Leim zu gehen und durch Gespräche mit anderen einen nüchterneren Blick und Abstand zu gewinnen. Vermutlich werde ich beim Lesen denken, dass vieles in diesem Buch zu privat ist und ich dieses oder jenes hätte besser nicht der Öffentlichkeit preisgeben sollen. Vermutlich. Hinterher sind die meisten von uns viel schlauer.

Das Verfassen dieses Buchs ermöglichte es mir, intensiver als sonst mit mir in Klausur zu gehen, Verdrängtes und Vergessenes aufzuspüren und den Sinn meines (beruflichen) Engagements zu hinterfragen. Und vor allem ermöglichte es mir, mit vielen Menschen ins Gespräch zu kommen, mein Denken und meine Annahmen aus unterschiedlichen Perspektiven spiegeln zu lassen. Aber auch einmal mehr wahrzunehmen, welche Wirkung persönliche Beziehungen haben. Dass der Stiefsohn, eine »deutsch-deutsche Produktion«, der viel über mein Leben und meine Arbeit mitbekam, nunmehr über Identität und Gruppenkonflikte forschen wird, ist wohl auch kein Zufall. Denke ich.

Freunde, Bekannte, Studentinnen und Studenten, mir sehr vertraute, aber auch ganz unbekannte Menschen haben mir zugehört – und ich konnte ihnen zuhören. Einem Menschen hat mich das Nachdenken über Deutschland besonders nähergebracht: meinem Neffen Can, dem Halbdeutschen und Halbtürken, wie der 26-Jährige sich selbst bezeichnet, der sich in keiner der aktuell kursierenden Zuschreibungen wiederfindet. Er hat ein uraltes Handy, mit dem er nur telefonieren und SMS verschicken kann. Kein Twitter, kein Instagram, kein Radio, kein Fernsehen. Trotzdem ist Can gut informiert, aber halt über ganz andere Quellen als die, welche die Social-Media-Community hypt. Von den aufgeregt geführten Debatten hält er sich fern. Medien verfolgt er ganz gezielt, liest Fachartikel statt »schlecht recherchierte Artikel in Mainstreammedien«.

Was ich nicht für möglich gehalten hatte, als wir uns an den Tisch setzten, um einander zuzuhören: dass wir uns in vielen Punkten einig werden würden. Can sagte, so manche Themen der Aktivisten könne er nicht verstehen. Sie drehten sich zu sehr um sich selbst. Es gebe viel größere Probleme – die Klimakatastrophe und »beschissenen Arbeitsbedingungen von Menschen in Asien, Afrika und anderswo«, die für unseren Wohlstand sorgen. Er wünsche sich Politiker, die in Migration nicht »die Mutter aller Probleme« sehen. Ich stimme ihm zu.

Auch ich habe Wünsche – Wünsche, dass alle mit den richtigen Gepäckstücken die Reise ihres Lebens starten können, dass sie zu Hause bei ihrer Abreise und überall dort, wo sie Station machen, Nützliches in ihre Koffer bekommen.

In meinem Koffer ist Hoffnung.

Das letzte Wort bekommt die Philosophin Martha Nussbaum: »Ich will sagen, dass Hoffnung für das energische Verfolgen eines schwer zu erreichenden Ziels von entscheidender Bedeutung ist. Und *wenn* das Ziel wirklich erstrebenswert ist und *wenn* wir Kant darin zustimmen, dass wir so leben sollten, dass dadurch wirklich wertvolle Ziele erreichbar werden, dann haben wir einen sehr triftigen Grund, uns die Hoffnung zu eigen zu machen.«[2]

Dank

Eine der ersten Rückmeldungen zu meinem *SZ*-Essay im Herbst 2020 kam von Hanna Leitgeb. Sie wolle sich für meinen Beitrag bedanken und mir mitteilen, dass sie meine Gedanken und Befürchtungen teile, schrieb sie mir in der E-Mail, die so endete: »Zu diesem Thema würde ich gerne von Ihnen ein Buch lesen.« Ganz sicher werde ich nicht ein Buch schreiben, war meine Reaktion. Es ist dann doch anders gekommen. Hanna Leitgeb danke ich dafür, dass sie mich im Laufe mehrerer langer Gespräche überzeugt und mich als Agentin bestens betreut hat. Prof. Joachim Bauer gilt mein Dank nicht nur dafür, dass er mich ermutigt hat, auf Spurensuche zu gehen. Wie schreibt man ein Buch? Wie beginnt man, wie endet man? Ohne die Zeit, die er mir schenkte und mir dabei half, Antworten auf diese und viele andere Fragen zu finden, hätte ich das Projekt gar nicht fortgesetzt.

Sabine Niemeier, Programmleiterin Sachbuch bei Quadriga, gab mir die Freiheit, vom Exposé abzuweichen; sie hat mich professionell wie auch herzlich beim Schreiben unterstützt. Das Wort Lektorin, das ich kannte, ohne wirklich zu wissen, was sich genau hinter dieser Berufsbezeichnung verbirgt, hat Angela Kuepper mit Inhalt gefüllt. Tausend Dank an dich, liebe Angela, für deine Unterstützung, für deinen Feinsinn und dein Gespür. Dank an Massimo Peter, der bei der Umschlaggestaltung eine so treffende visuelle Sprache für meine Botschaft gefunden hat.

Robert Erkan danke ich für die viele Zeit, die er mit mir verbrachte, um mich bei dem zu unterstützen, was Heinrich von Kleist so formulierte: das allmähliche Verfertigen der Gedanken beim Reden. Freundinnen und Freunde, Kolleginnen, Kollegen, Bekannte und persönlich unbekannte Menschen halfen mir bei meinem Buchprojekt – unter anderem Birgit Buchner, Cornelia Wilß, Dagmar Hofmann, Danja Bergmann, Derviş Hızarcı, Dieter Bednarz, Dursun Tan, Eida Koheil, Eva Schmidt, Gerd Loch, Gregor Haschnik, Ijlal Görgülü, Katja Irle, Marlies Arping, Matthias Bartsch, Matthias Drobinski, Michaela Schlichtung, Müberra Köprücü, Ole Döring, Özkan Ezli, Sabine Raiser, Teresa Oladu, Tülin Yavuz, Viktor Funk, Wolfgang Fuchs.

Ich danke meinen Studentinnen und Studenten, insbesondere Anas Mokthari, Robert Pieszczyk, Moise Chengo, Marius Djoumessi Noudem und Sarah Kidane.

Literatur

Acar, Cihan: *Hawai*, München 2020

Améry, Jean: *Charles Bovary, Landarzt. Porträt eines einfachen Mannes.* Stuttgart 1978; *Hand an sich legen. Diskurs über den Freitod.* Stuttgart 1976; *Lefeu oder Der Abbruch.* Stuttgart 1974; *Über das Altern. Revolte und Resignation.* Stuttgart 1968; *Jenseits von Schuld und Sühne. Bewältigungsversuche eines Überwältigten.* München 1966

Amjahid, Mohamed: *Der weiße Fleck. Eine Anleitung zum antirassistischen Denken*, München 2021

Bauer, Joachim: *Wie wir werden, wer wir sind. Die Entstehung des menschlichen Selbst durch Resonanz*, München 2019

Canetti, Elias: *Die gerettete Zunge*, Frankfurt a.M. 1971; *Fackel im Ohr*, Frankfurt a.M. 1982; *Augenspiel*, Frankfurt a.M. 1988

Cardinale, Marie: *Der Schlüssel liegt unter der Matte*, Reinbeck bei Hamburg 1979; *Schattenmund*, Reinbek bei Hamburg 1980

Charim, Isolde: Ich und die Anderen, Berlin 2018

Dardan, Asal: *Betrachtungen einer Barbarin*, Hamburg 2021

Demirkan, Renan: *Schwarzer Tee mit drei Stück Zucker*, Köln 1991

Dos Passos, Jon: *Manhattan Transfer*, Reinbek bei Hamburg 1974

Flaubert, Gustave: *Madame Bovary*, Zürich 1979

Frisch, Max: *Schweiz als Heimat*, Frankfurt a.M. 1991

Gorelik, Lena: *Meine weißen Nächte*, München 2004

Güngör, Dilek: *Ich bin Özlem*, Berlin 2019

Hasters, Alice: *Was weiße Menschen nicht über Rassismus hören wollen aber wissen sollten*, Berlin 2019

Hesse, Hermann: *Siddartha*, Frankfurt a.M. 1977

Joyce, James: *Ullyses*, Frankfurt a.M. 1975

Mayonga, David: *Ein ~~Neger~~ darf nicht neben mir sitzen*, München 2021

Merian, Svende: *Der Tod des Märchenprinzen*, Hamburg 1980

Ohde, Deniz: *Streulicht*, Berlin 2020
Othmann, Ronya: *Die Sommer*, München 2020

Prizkau, Anna: *Fast ein neues Leben*, Berlin 2020

Richter, Hans Peter: *Damals war es Friedrich*, München 2020 (1. Auflage 1961)

Trojanow, Ilija: *Nach der Flucht*, Frankfurt a.M. 2017

Wallraff, Günter: *Ganz unten*, Köln 1985
Wenzel, Olivia: *Tausend Serpentinen Angst*, Frankfurt a.M. 2020
Woolf, Virginia: *Die Fahrt zum Leuchtturm*, (Aktuell: Zum Leuchtturm), Frankfurt a.M. 1993

Anmerkungen

Einleitung

1 Topçu, C. (2020, 25. September). Nicht mein Antirassismus. *Süddeutsche Zeitung.* https://www.sueddeutsche.de/politik/rassismus-deutschland-gast beitrag-1.5043198

2 Klenk, F. [@florianklenk]. (2021, 26. Juli). *Wir müssen es wieder hinkriegen* https://twitter.com/florianklenk/status/1419421134978789378?s=20 [Tweet, letzter Abruf 29.07.21].

Kapitel 1: Wie ich geworden bin, wer ich bin

1 Hans Peter Richters Jugendroman aus dem Jahr 1961 erschien 1969 in überarbeiteter Fassung. Ich erinnere mich an das Cover meiner Ausgabe: Hinter einer zerbrochenen Fensterscheibe ist das Gesicht eines Jungen zu sehen.

2 »Rumlar« werden die griechisch sprechenden christlichen Einwohner genannt.

3 Şenay. (1972). *Hayat Bayram Olsa.* https://youtu.be/eVOrfTtDS5g [YouTube, letzter Abruf 19.07.21]

4 Trojanow, I. (2017). *Nach der Flucht.* Frankfurt am Main: S. Fischer

5 Winkler, W. (2018, 13. März). Arnfried Astel ist gestorben, Nachruf. *Süddeutsche Zeitung.* https://www.sueddeutsche.de/kultur/nachruf-arnfrid-astel-ist-gestorben-1.3904427 [letzter Abruf 29.07.2021].

6 Grundgesetz für die Bundesrepublik Deutschland. *Artikel 1.* https://www.ge setze-im-internet.de/gg/art_1.html.

Kapitel 2: Wie Fische im fremden Teich

1 Seiler, A. J. (1965). *Siamo italiani. Die Italiener. Gespräche mit italienischen Arbeitern in der Schweiz.* Zürich: EVZ-Verlag. [Vorwort]

2 Frisch, Max (1990). *Schweiz als Heimat?* Berlin: Suhrkamp Verlag. [Seite 219]

3 »*Wichtige Begriffe zur nationalsozialistischen Zwangsarbeit*«, in: *Zwangsarbeit 1939–1945, Erinnerungen und Geschichte* https://www.zwangsarbeit-archiv.de/ zwangsarbeit/zwangsarbeit/zwangsarbeit-begriffe/index.html [letzter Abruf 29.7.21]

4   Geray, A. (2020, 18. Mai). Die stummen Gastarbeiter. Die Geschichte meiner Eltern. *renk*. https://renk-magazin.de/die-stummen-gastarbeiter-alp-geray/ [letzter Abruf 29.07.21]

5   Vorländer, Hans, Angeli, Oliviero, Yilmazel, Ender, Barp, Francesca. Lehrplanstudie Migration und Integration.

6   Ebenda, Seite 8f.

7   Faksimile des Originaldokuments (1961, 30. Oktober). *Regelung der Vermittlung türkischer Arbeitnehmer nach der Bundesrepublik Deutschland* https://www.bpb.de/geschichte/deutsche-geschichte/anwerbeabkommen/43264/das-anwerbeabkommen [letzter Abruf 29.7.21]

8   Hunn, K. (2002). *Asymmetrische Beziehungen. Türkische ›Gastarbeiter‹ zwischen Heimat und Fremde* (Archiv für Sozialgeschichte 42) [Seite 145–172] https://library.fes.de/jportal/servlets/MCRFileNodeServlet/jportal_derivate_00021344/afs-2002-145.pdf [letzter Abruf 29.07.21]

9   Amjahid, M. [@mamjahid]. (2021, 1. Mai). *Meine Mutter hat in #Deutschland jahrzehntelang als Reinigungskraft geschuftet.* https://twitter.com/mamjahid/status/1388415163217465344 [Tweet, letzter Abruf 29.07.21]

10 Walter, F. (2008). *Baustelle Deutschland* [Seite 36–46]. zitiert nach Machleidt, W. (2013). *Migration, Kultur und psychische Gesundheit: Dem Fremden begegnen* Kohlhammer. [Seite 17]

11 Sachverständigenrat für Integration und Migration. (2021). *Jahresgutachten 2021 – Normalfall Diversität? Wie das Einwanderungsland Deutschland mit Vielfalt umgeht.* https://www.svr-migration.de/wp-content/uploads/2021/05/SVR_Jahresgutachten_2021_barrierefrei-1.pdf [letzter Abruf 29.07.21]

Kapitel 3: Märchenstadt Hanau

1   NSU Watch [@nsuwatch]. (2020, 20. Februar). *So sieht eine Berichterstattung aus, die NICHTS aus dem #NSU-Komplex gelernt hat.* https://twitter.com/nsuwatch/status/1230449234337566720?lang=de [Tweet, letzter Abruf 29.07.2021]

2   Dündar, C. (2020, 24. Februar) Vereint als Fremde. *ZEIT ONLINE*. https://www.zeit.de/kultur/2020-02/rassismus-hanau-tuerken-kurden-identitaet-gemeinsamkeit [letzter Abruf 29.07.21]

3   Topçu, C. (2021, 26. Februar). Dieser Terrorakt wird instrumentalisiert. *Frankfurter Rundschau.* https://www.fr.de/rhein-main/main-kinzig-kreis/hanau-ort66348/rechter-terror-hanau-dieser-terrorakt-wird-nationalisten-instrumentalisiert-13559724.html

4   von Bebenburg, P. Landeskorrespondent der Frankfurter Rundschau (2021, 29. Juni). *Ein Jahr nach Hanau – Kampf dem rassistischen Terror.* Stadtgespräch. https://www.youtube.com/watch?v=ktfe0RXJv-E [letzter Abruf 29.07.21]

5   »Engel fragt« (2021, 24. Juni). *Streit um Identität – alle Macht den Minder-*

heiten?. Hessisches Fernsehen. https://www.hr-fernsehen.de/sendungen-a-z/
engel-fragt/sendungen/streit-um-identitaet-alle-macht-den-minderheiten.
sendung-121566.html [letzter Abruf 29.07.21]

6   Vgl. Initiative 19. Februar (2021, 17. Februar). *Ein Jahr nach dem 19. Februar
in Hanau, Die Kette behördlichen Versagens vor dem rassistischen Terroran-
schlag, in der Tatnacht und in den Monaten danach* https://19feb-hanau.org/
wp-content/uploads/2021/02/Kette-des-Versagens-17-02-2021.pdf [letzter
Abruf 29.07.21]

7   Ebd.

Kapitel 4: Nachdenken über Deutschland

1   Das Supertalent 2018 (2018, 24. November). *RTL*. https://www.youtube.com/
watch?v=WD0sp0YcsH4 [letzter Abruf 30.07.21]

2   Ezli, Ö. (2021, September). *Politik der Gesellligkeit. Gegenwart und Geschichte der
Interkulturellen Woche*. [Seite 47f.] https://www.svr-migration.de/wp-content/
uploads/2021/05/Ezli_Expertise-IKW_fuer-SVR-Jahresgutachten-2021.pdf.

3   Bundeszentrale für politische Bildung [saymyname_bpd]. (2021, 2. Juni) *Ein:e
Ally kann im Deutschen auch als Verbündete:r bezeichnet werden*. https://www.
instagram.com/p/CPneJG-noWY/ [Instagram, letzter Abruf 30.07.21]

4   Blume, M. [@BlumeEvolution]. (2021, 7. Juni) *Mich wirft es nicht um, mich auch
mal selber als #Kartoffel zu bezeichnen*. https://twitter.com/BlumeEvolution/
status/1401874259291541514 [Tweet, letzter Abruf 19.07.21]

5   Das Thema [Hessenschau]. (2021, 10. Juni). *SEK Frankfurt aufgelöst: Wegen rechtsextremer Chats!* https://www.youtube.com/watch?v=gE-4amKjl8Y
[YouTube, Minute 3:03ff. letzter Abruf 19.07.21]

6   People o Color (PoC) (2021). *NdM-Glossar*. https://glossar.neuemedienma
cher.de/glossar/people-of-color-poc/ [letzter Abruf 19.07.21]

7   Kulturjournal [NDR Doku]. (2021, 5. Mai). *Kulturjournal. Rassismus und
Sexismus in der Kultur*. https://www.youtube.com/watch?v=Db0daXBehv0
[YouTube, Minute 2:18ff. letzter Abruf 30.07.21]

8   Mangold, I. (2020, 17. Juni). Uns schaut man nicht mehr hinterher – Interview
mit Jackie Thomae. *ZEIT ONLINE*. https://www.zeit.de/2020/26/rassismus-
deutschland-debatte-jackie-thomae-iljoma-mangold [letzter Abruf 30.07.21]

9   Nduka-Agwu, A. & Lann Hornscheidt, A. (2013) *Rassismus auf gut Deutsch*,
Frankfurt: Brandes & Apsel [Nghi Ha, K. *People of Color*, Seite 83]

10 Mediendienst Integration (2020, April). *Alternativen zum Migrationshintergrund* https://mediendienst-integration.de/fileadmin/Dateien/Infopapier_
Alternativen_Migrationshintergrund.pdf [letzter Abruf 19.07.21]

11 Drosser, C. (2002, 27. März). Lübke und die Neger. *Zeit Online*. https://www.
zeit.de/2002/14/200214_stimmts_luebke.xml [letzter Abruf 19.07.21]

12 Lübke, H. *Die Leute müssen ja auch mal lernen, dass sie sauber werden*. Zitat.
https://www.quotez.net/german/heinrich_lubke.htm [letzter Abruf 19.07.21]

13 Baerbock, A. [@ABaerbock]. (2021, 25. Juli). *Selbstverständlich haben wir das N-Wort hier gemutet.* https://twitter.com/ABaerbock/status/1419311895140503554 [Tweet, letzter Abruf 30.07.21]

14 Baerbock, A. [@ABaerbock]. (2021, 25. Juli). *Das war falsch und das tut mir leid.* https://twitter.com/ABaerbock/status/1419311845752680449 [Tweet, letzter Abruf 30.07.21]

15 Zick, A. (2021, 26. Juli). *Wir müssen über Rassismus reden.* https://www.deutschlandfunkkultur.de/annalena-baerbock-und-das-n-wort-wir-muessen-ueber.2950.de.html?dram%3Aarticle_id=500844&fbclid=IwAR3gt0HodL5J4gqrYZ_kbp_oi-k4jKGbSxJnnCqRLl-OxLGb67GKNAIKP0 [Deutschlandradio, letzter Abruf 30.07.21]

16 Unter den Linden [phoenix]. (2021, 21. Juni). *Lautes Schweigen – Von der Gefahr der Sprachlosigkeit in einer Gesellschaft.* https://www.youtube.com/watch?v=64KMzlLm0rU [YouTube, letzter Abruf 19.07.21]

17 Prince O. Kyere [prince.m.i.k]. (2021, 22. April). *RASSISTISCHE ATTACKE BEI @aldinord!!* https://www.instagram.com/p/CN-0KxdqMzd/ [Instagram, letzter Abruf 01.08.21]

18 Prince O. Kyere [prince.m.i.k]. (2021, 23. April). *Hier die Aufklärung,* https://www.instagram.com/p/COA5XrLrTHi/ [Instagram, letzter Abruf 01.08.21]

19 ARTE-Talk [ARTEde]. (2021, 28. Mai). *Rassismus kommt selten allein.* https://youtu.be/YFYq7992xQQ [YouTube, letzter Abruf 19.07.21]

20 Kohlenberg, J. (2021, 4. Mai). *Warum Ausgrenzung uns allen schadet.* https://www.deutschlandfunk.de/migrationsforscherin-judith-kohlenberger-warum-ausgrenzung.886.de.html?dram:article_id=496651 [Deutschlandfunk, letzter Abruf 30.07.21]

Kapitel 5 – Was wir brauchen

1 Charim, I., Ich und die Anderen. (2018). Wien. [Seite 9]

2 DiAngelo, R. (2020) *Wir müssen über Rassismus sprechen* Hamburg: Hoffmann und Campe

3 Bauer, J. (2006) *Prinzip Menschlichkeit.* München: Hoffmann und Campe. [Seite 220 ff.]

Zum Schluss

1 Zingher, E. (2021, 30. März). Täter, Opfer, Twitterer. *Taz.* https://taz.de/Antislawischer-Rassismus-in-Deutschland/!5758259/ [letzter Abruf 19.07.21]

2 Nussbaum, M. (2019). *Ein Königreich der Angst.* Darmstadt: wbg [Seite 252]